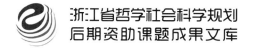

浙江省哲学社会科学规划
后期资助课题成果文库

中国与拉丁美洲
农产品贸易竞争力研究

Research on Trade Competitiveness of Agricultural Products between China and Latin America

宋海英　著

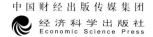

中国财经出版传媒集团

经济科学出版社

Economic Science Press

图书在版编目（CIP）数据

中国与拉丁美洲农产品贸易竞争力研究/宋海英著.
—北京：经济科学出版社，2021.2
ISBN 978 – 7 – 5218 – 2323 – 3

Ⅰ.①中… Ⅱ.①宋… Ⅲ.①农产品贸易 – 国际竞争力 –
研究 – 中国、拉丁美洲 Ⅳ.①F752.652②F757.306.52

中国版本图书馆 CIP 数据核字（2021）第 014945 号

责任编辑：周国强
责任校对：隗立娜
责任印制：王世伟

中国与拉丁美洲农产品贸易竞争力研究
宋海英 著
经济科学出版社出版、发行 新华书店经销
社址：北京市海淀区阜成路甲 28 号 邮编：100142
总编部电话：010 – 88191217 发行部电话：010 – 88191522
网址：www. esp. com. cn
电子邮箱：esp@ esp. com. cn
天猫网店：经济科学出版社旗舰店
网址：http：//jjkxcbs. tmall. com
北京季蜂印刷有限公司印装
710×1000 16 开 13.75 印张 2 插页 240000 字
2021 年 2 月第 1 版 2021 年 2 月第 1 次印刷
ISBN 978 – 7 – 5218 – 2323 – 3 定价：68.00 元
（图书出现印装问题，本社负责调换。电话：010 – 88191510）
（版权所有 侵权必究 打击盗版 举报热线：010 – 88191661
QQ：2242791300 营销中心电话：010 – 88191537
电子邮箱：dbts@ esp. com. cn）

序

近年来，拉丁美洲的多种农产品，如巴西大豆、阿根廷牛肉、墨西哥牛油果、智利车厘子、哥伦比亚咖啡、秘鲁鱼粉、乌拉圭牛奶、厄瓜多尔玫瑰、哥斯达黎加菠萝等越来越多地进入中国市场，悄然改变着中国消费者的生活。

一

中国与拉丁美洲农产品贸易竞争力已成为中国拉美问题学者研究的一个热门课题，它既有理论意义，又有实践价值。作者及时地抓住了这个题目，在较短的时间里出色地完成了这个研究，将这部《中国与拉丁美洲农产品贸易竞争力研究》的专著呈现在读者面前，可喜可贺！

本书客观地评价了中拉农产品的进出口模式；精辟地阐释了中拉农产品的国际竞争力；乐观地展望了中拉农产品贸易的潜力。作者首先从宏观视角就中国对拉美农产品的出口模式和中国自拉美农产品的进口模式进行了分析；接着，分析了中拉农产品进出口贸易的影响因素；随后，又从国别视角将中国与巴西农产品的国际竞争力进行了对比，对中国与墨西哥农产品的竞争与互补和中国与墨西哥各自的农产品贸易发展策略进行了分析和对比；作者还从产品视角，分析了智利水果在中国市场的竞争力，将阿根廷与中国蜂蜜的国际竞争力进行了对比，并分析了墨西哥牛油果在中国市场的竞争力。此外，作者对中拉农产品贸易的未来进行了展望，认为中拉命运共同体下的农产品贸易前景广阔，中拉农产品贸易潜力巨大，而中美经贸摩擦对中拉农产品贸易有直接的影响。

作者在书中强调，当前中国与拉美农产品贸易问题备受关注，特别是在"一带一路"倡议对拉美的自然延伸、中国国家领导人对中拉关系高度重视的背景下，有必要深入研究中拉农产品贸易问题。作者对中拉农产品贸易的竞争力、潜力进行了分析，对中拉农产品贸易做了个案定量化的实证研究。

本书的创新之处在于：在研究方法方面，作者在系统剖析各种测算方法利弊的前提下，运用扩展的引力模型对中拉农产品贸易的影响因素进行科学模拟，对中拉农产品贸易的潜力进行了综合测度；在研究对象方面，除了综合性研究外，作者从国别视角对中国与具体拉美国家（如阿根廷、墨西哥、巴西等）、从产品视角对具体农产品（如蜂蜜、水果等）的贸易竞争力和农产品贸易的实践进行了有针对性的分析和研究；在数据运用方面，作者尽量使用最新统计数据对中拉农产品贸易问题展开分析，并进而从未来的视角，分析中拉农产品贸易潜力的实现路径。最后，作者对如何进一步推动中拉农产品贸易向政府政策和企业界提出了颇有见地的对策和建议，建议要加强进口农产品质量监管，推进中拉区域经济一体化和改善农产品贸易营商环境。

二

2014 年 7 月，习近平主席在巴西利亚举行的中国－拉美和加勒比国家领导人会晤时，倡议与拉美国家共同构建"1 + 3 + 6"合作新框架，其中"6"是指"六大领域"，即以能源资源、基础设施建设、农业、制造业、科技创新、信息技术为合作重点，推进中拉产业对接，农业是中拉合作六大领域之一。2016 年 11 月 24 日中国政府发表的第二份《中国对拉美和加勒比政策文件》强调要加强与拉美的农业合作。在文件第四部分"深入推进中拉各领域合作"之二"经贸领域"中的（一）"贸易"部分指出，"深挖双边贸易潜力，促进中国与拉美和加勒比国家特色优势商品、高附加值产品和技术密集型产品等贸易，加强服务贸易和电子商务合作。本着互惠互利的原则，同拉美和加勒比国家探讨建立长期稳定的贸易关系，商讨包括自贸协定在内的各类贸易便利化安排，妥善处理贸易摩擦，促进中拉贸易健康平衡发展和结构多元化。"在（七）"农业合作"部分提出，"鼓励双方企业积极开展农产品贸易活动，推动中拉进一步加强农业科技、人员培训等领域交流合作，深化双方在家畜家禽养殖、林业、渔业和水产养殖等领域合作，共同促进粮食安全。完善并继续建设农业技术示范项目，推广现代农业技术开发和示范，提高双方农业技术创新、农业生产加工能力和国际竞争力。完善双边农业信息交流与合作机制，充分发挥中拉农业合作专项资金作用，鼓励开展更多农业合作项目。"这充分表明，我国政府十分重视中拉农产品贸易和中拉农业合作。

三

优越的地理和气候条件给拉美地区带来了得天独厚的自然资源，使拉美成为战略性资源的宝库，拉美可再生农业资源开发潜力巨大。拉美地区拥有耕地高达1.7亿公顷，适宜耕种的土地有7.12亿公顷，约占拉美总面积的35.37%。玉米、小麦、水稻和豆类是主要的粮食作物，香蕉、可可、咖啡、柑橘、蔗糖、棉花等是主要的经济作物。蔗糖产量约占世界的1/4；咖啡产量已远远超过非洲，国际市场上的咖啡，60%来自拉美，其中巴西的咖啡生产和出口均占世界首位。拉美的香蕉出口量占世界总出口量的80%；该地区棉花产量增加迅速，棉花产量和出口集中在巴西、墨西哥等国。拉美地区地广人稀，开发农业用地潜力巨大。拉美畜牧业资源丰富，拉美地区草场、牧场面积约5.42亿公顷，占总面积的26.9%，适宜大规模发展畜牧业。阿根廷、巴西等均是世界畜牧业大国。拉美地区是"绿色大陆"，森林面积达8.54亿公顷，占总面积的47.4%。拉美地区植物资源极为丰富，不少植物具有经济价值。拉美的水利资源丰富，淡水资源的拥有量占全球的15%以上，降水量占全球的29%。拉美的渔业资源潜力巨大，墨西哥、智利、巴西、秘鲁等国的捕鱼量居世界前列。拉美不少农产品极具特色，品质优良。

中拉之间的经贸关系在过去二十多年的发展极为迅速，在中国旺盛需求的推动下，中拉双边贸易额，特别是中国进口的拉美农产品数量急速飙升，

2015年中国进口农产品中约有26.95%来自拉美地区，拉美地区对中国的农产品出口超过了亚洲，成为中国第三大农产品供应地。

中国对拉美的农业投资迅速增加。2008年全球金融危机之后，中国对拉美非金融类直接投资尤其是农业投资快速增长，一些国有粮企和民营公司也在此背景下逐渐进入了拉美的农业领域，直接购买或租赁土地从事海外种植与间接的资产并购是其中较为突出的两种方式。对中国投资者而言，无论其动机或预期如何，注重长远规划、提高自身竞争力、尊重国际规则，在关注企业与国家利益的同时，为被投资国和世界粮食安全做出贡献，已经是迫切需要认真对待的问题。据商务部统计，2016年中国对拉美地区的农业投资累计达到300多亿美元。重庆粮食集团（CGG）在巴西巴伊亚州投资豆油加工。中粮集团（COFCO）购买了智利比斯克雷特（Bisquertt）葡萄园的6块葡萄园和酒库，来向中国推销智利的葡萄酒；中粮集团还与当地的Subsole水果出口公司结盟，投资智利Joyvio公司的5个农场，来向中国推销智利的水果。中粮集团和郭氏集团（Kuok Group）收购了诺布尔（Noble）公司的农业股份，对阿根廷乙醇提炼进行投资。中粮集团还收购了阿根廷的诺布尔和尼德拉（Nidera）集团。此外，黑龙江北大荒农垦总公司租用阿根廷黑河省30万公顷土地用来种植向中国出口的农作物。中粮集团、中慧农牧股份有限公司和大昌行集团有限公司与巴西马尔冷冻公司（Marfrig）和BRF公司结盟加工肉类出口中国。智利白河公司、圣克雷蒙特农业公司、维尼亚埃拉苏里兹和瓦特公司等食品公司对中国的食品工业进行了投资。

据联合国拉美经委会2016年11月发表的一份题为《拉美加勒比与中国的经济关系：机遇和挑战》的报告称，中国的耕地占世界的7%、水资源占世界水资源的6%，但中国养活全世界19%的人口。从2004年起，中国成为纯粮食进口国，农业贸易的逆差逐年增加。由于中国城市化进程加快，2014年54%人口（7.58亿人）生活在城市，到2050年，中国城市人口将增加到10.5亿人，占总人口的76%。2012年中国中等收入阶层（指每天消费10~100美元的家庭）人口已达2.47亿人，占总人口的18%；到2020年中等收入阶层人口将增加到6.07亿人，占总人口的44%。城市化程度的加深和中等收入阶层人数的增加，对食品如肉、奶、鱼、家禽等农牧业产品的需求必然会增加。这对拉美而言，是一个增加对中国农产品和食品出口的巨大机遇。

另据联合国粮农组织（FAO）统计，未来10年，中国对糖、禽肉和羊肉的人均消费量将提高约 20%；对鱼肉、植物油、水果、蔬菜和小牛肉等产品的消费需求也将提高约 10%~20%。毫无疑问，中国在农产品方面的强劲需求将对拉美的农业经济增长起助推作用。拉美在中国农产品进口中的比重 2000 年为 16%，2010 年为 22%，2015 年增加到 27%，最近几年，保持在 30% 左右。

目前中拉农产品贸易有几个特点：一是中拉农产品贸易增长迅速。2001 年，中拉农产品进出口总额仅为 25.75 亿美元。2012 年中国政府曾提出，到 2017 年中拉农产品贸易额增加到 400 亿美元。据我国商务部统计，2017 年中拉农产品贸易额为 370.1 亿美元，接近这一指标，2018 年增加到 460.82 亿美元，已超过这一指标。二是拉美与中国的农产品贸易中有很大的顺差，据统计，2002 年，拉美顺差为 25.49 亿美元，2010 年增至 179.14 亿美元。2017 年中拉农产品贸易总额为 371.01 亿美元，其中我国向拉美出口农产品额仅为 24.42 亿美元，从拉美进口 346.59 亿美元，拉美顺差为 322.07 亿美元；2018 年中拉农产品贸易总额为 460.82 亿美元，我向拉美出口农产品额仅为 24.62 亿美元，从拉美进口为 436.20 亿美元，拉美顺差为 411.58 亿美元。三是中国从拉美进口的农产品来源国集中在少数几个拉美国家，据 2015 年统计：巴西（68%）、阿根廷（17%）、乌拉圭（6%）、智利（5%）等，这四国占中国从拉美进口农产品的 95%。四是中国从拉美进口的农产品品种不多，大豆约占 70%。2018 年，我国大豆进口达到了 8803 万吨，同比增加 30%，其中从巴西进口达 6610 万吨，占当年我国大豆进口总量的 75.1%，占巴西大豆出口总量的 79.83%。其次是豆油、糖、鸡肉、牛肉、干鲜水果、烟叶、葡萄酒等。五是同中国签订了自由贸易协议的智利、秘鲁和哥斯达黎加三国对中国农产品出口增加比较快。

最近几年，中拉农业合作不断加强。2015 年 1 月召开的中国–拉共体论坛首届部长级会议通过的中拉五年合作规划规定，农业成为中国与拉美要重点推进的主要合作领域之一。目前，中国和拉美 19 个国家签署了双边合作备忘录，和其中有 13 个拉美国家已经在合作协议下建立起了联委会或工作组来推动合作的具体落实。此外，中国–加勒比经贸合作论坛也专门设立了农渔业论坛，中国–拉美合作论坛还设立了农业部长论坛。中国和拉美的农业合作已经驶入了机制化、常规化轨道。此前，2013 年 6 月，在北京召开了中拉农业部长论坛，这次会议对中拉农业贸易和农业投资的增加起了推动作用。

　　拉丁美洲已成为全球农业发展活力最强、潜力最大的地区之一。拉美是中国农产品进口需求的主要来源地之一。对中国而言，拉美是一个新兴的、蕴藏巨大潜力的进口市场。对拉美来说，中国在拉美对外农产品贸易中的重要性也与日俱增。人均 GDP 已达 1 万美元的、拥有 14 亿人口的中国对农产品的需求与日俱增，迫切需要拉美这一新兴市场。中国目前正处在工业化、城镇化加快推进时期，人们的消费水平不断提高，对高质量农产品的需求越来越多，而经济结构调整中的多数拉美国家也瞄准了广阔的中国市场，正在加快实施对华农产品出口的多元化策略。中国与拉美在动植物检验检疫、贸易便利化等方面合作也有效加快了拉美农产品在中国市场的热销。中国已经同拉美 19 个国家签署了"一带一路"国际合作备忘录或协议，中国同智利、秘鲁、哥斯达黎加 3 个拉美国家的自贸协定正在升级，农产品的关税呈下降趋势。反季节也成为拉美农产品对华出口的有利条件之一。"互联网＋"和电子商务平台成为拉美高端农产品在中国热卖的重要方式。

　　中拉农产品贸易的发展也面临不少问题和挑战，主要有：一是与我国进行农产品贸易过于集中在少数拉美国家和为数不多的农产品；二是在中国对巴西和阿根廷等拉美国家的大豆需求不断增加的背景下，越来越多的耕地用于大豆种植，导致当地的环保部门和非政府组织提出了激烈的批评，甚至还引发了工业利益集团的反对；三是中美经贸摩擦和 2018 年 9 月 30 日墨西哥、美国和加拿大三国达成的《美墨加协定》中针对中国的第 32 条第 10 款"毒丸"条款使包括农产品在内的中拉贸易增添了不确定性；四是由于中拉之间地理距离遥远，农产品贸易的运输成本高、贸易便利化程度低等问题阻碍了双方农产品贸易和农业合作的进一步发展。尽管面临这些问题和挑战，但总的说来，中拉农产品贸易和农业合作的未来前景还是十分广阔的。

　　我们相信，这部专著《中国与拉丁美洲农产品贸易竞争力研究》的出版将推动我国学术界对中拉农产品贸易和中拉农业合作的研究，这也是作者对促进中拉农产品贸易和中拉农业合作所做的贡献！

徐世澄

2020 年 3 月 18 日于北京

前　言

　　国家"十三五"规划提出，推进中国从"贸易大国迈向贸易强国"；商务部进一步明确，到2020年，中国实质性推进贸易强国进程，到2030年初步实现贸易强国目标。具体到农产品层面，尽管中国已成为全球最重要的农产品贸易大国，但远称不上农产品贸易强国。现阶段传统优势农产品竞争力下滑、农产品进口高度集中等问题突出，中美经贸摩擦更是给农产品贸易敲响了警钟，如何准确把握国际农产品市场特点和竞争力状况，怎样更好地统筹利用两个市场、两种资源，成为确保农业健康发展的重要课题。

　　从国别和区域来看，拉丁美洲是全球农业发展活力最强、潜力最大的地区之一，中国与拉美在贸易和投资领域进行了广泛而深入的合作。那么，中国与拉美的农产品贸易模式是怎样的？中拉农产品的国际竞争力在国别和产品层面具有什么特征？哪些因素制约着中拉农产品贸易竞争力的发挥？更进一步，未来中国与拉美的农产品贸易潜力如何呢？

　　本书以联合国统计署等国际组织和相关国家政府部门的数据资料为基础，首先刻画中国对拉美农产品出口和中国自拉美农产品进口的变动状况与基本特征，并运用扩展的引力模型，分别考察中拉农产品进出口贸易的影响因素，为后续研究奠定基础。

接着，从宏观视角，运用显示性比较优势（RCA）、贸易竞争力（TC）、国际市场占有率（MOR）、出口相似度（ESI）等指标，分别从细分国家和细分产品两个角度，阐释中国与拉美五国（阿根廷、巴西、智利、墨西哥、秘鲁），在 HS 编码各章节产品上的国际竞争力，为推动中国与拉美国家的农产品贸易提供依据。

然后，从国别视角，运用市场份额、显示性比较优势指数（RCA）、贸易互补性指数（TCI）等指标，分别从世界市场、本土市场、第三方市场，测算中国与巴西、墨西哥农产品的国际竞争力，从国家层面为中国与拉美农产品国际竞争力的提升寻找潜力源泉。

进而，从产品视角，运用贸易竞争优势指数（TSC）、显示性对称比较优势指数（RSCA）、进出口价格比等指标，并基于钻石模型，考察智利水果、墨西哥牛油果在中国市场的竞争力，及对比阿根廷与中国蜂蜜的竞争力，从产品层面为中国与拉美农产品国际竞争力的提升寻找潜力源泉。

最后，针对中拉命运共同体新理念，探究中拉农产品贸易面临的历史性机遇；进而基于相关贸易数据，从数量的角度考察中国与拉美农产品贸易的潜力大小，并分析实现潜力存在的其他相关问题，提出激发中拉农产品贸易潜力的对策建议。

本书作为笔者十余年对中拉农产品贸易问题研究的一个总结，部分内容的研究数据有所久远，但丝毫不影响全书的总体结论。此外，由于笔者的经历和水平有限，书中难免存在诸多不足之处，恳请各位专家、读者不吝赐教，非常感谢！

宋海英

2020 年 3 月 12 日于杭州

目　录

第二篇　国别视角

第一章

导　论

第一节　问题的提出

　　国家"十三五"规划提出，推进中国从"贸易大国迈向贸易强国"；商务部进一步明确，到2020年，中国将实质性推进贸易强国进程，到2030年初步实现贸易强国目标（裴长洪、刘洪愧，2017）。具体到农产品层面，尽管中国已成为全球重要的农产品贸易大国之一（朱晶等，2018），但远称不上农产品贸易强国。现阶段传统优势农产品竞争力下滑、农产品进口高度集中等问题突出，中美贸易摩擦的爆发更是给农产品贸易敲响了警钟，如何准确把握国际农产品市场特点和竞争力状况，怎样更好地统筹利用两个市场、两种资源，成为确保农业健康发展的重要课题（倪洪兴、吕向东，2018）。

　　从国别和区域来看，拉丁美洲（以下简称拉美）是全球农业发展活力最强、潜力最大的地区之一，中国与拉美在贸易和投资领域进行了广泛而深入的合作。那么，中国与拉美的农产品贸易模式是怎样的？出口方面，中国农产品动态比较优势的提升迫切需要拉美这一新兴市场；进口方面，满足不断扩大的国内消费亟须拉美的农产品，因此，中国与拉美农产品的国际竞争力在国别和产品方面具有什么特征？截至 2020 年初，拉美地区已有 19 个国家同中国签署了共建"一带一路"谅解备忘录，中拉双方构建的"1 + 3 + 6"合作新框架将农业作为重要的合作领域，这些对于双方农产品贸易的发展将起到推动作用。但是，还有哪些因素制约着中拉农产品贸易的发展？更进一步，未来中国与拉美的农产品贸易潜力如何呢？

第二节　研究的价值

本研究不仅是一项充满挑战的工作，更是一项具有理论意义和实践价值的工作。

一、现实意义

正如学者们指出的，激发中国与拉美的农产品贸易竞争力，促进中拉农产品贸易有利于扩大中拉双方的利益（马建蕾等，2012）。一方面，中国扩大对拉美出口农产品，可以推动农产品贸易的市场多元化，减少风险，也可以使拉美地区的消费者有更多的农产品可供选择；另一方面，中国的资源禀赋是人多地少，这就使得中国必将成为农产品进口大国，扩大从拉美国家进口农产品，可以为其提供更大的市场。因此，本研究首先从宏观层面探讨中拉农产品贸易的出口模式和进口模式；进而从宏观视角、国别视角和产品视角三个层面，考察双方农产品的国际竞争力；然后探究中国与拉美的农产品贸易潜力，必将推动中国与拉美的农产品贸易，为中国从农产品贸易大国迈向农产品贸易强国提供有价值的参考。

二、理论意义

学术界对于如何科学测算农产品的竞争力并未给出明确的解答，因此，本研究将综合评价各种测算与评价方法的利弊，进而为中拉农产品竞争力的测度提供理论依据，也必将为贸易竞争力问题的研究拓展新的空间。同时，中拉两地的多数国家都是发展中国家，研究中拉农产品贸易问题，也就是在为"南南"型农产品贸易合作进行理论探索，这将为"南南"型区域经济合作提供新的理论支撑。

第三节　文献的述评

一、国内外研究动态

国内外学者对中拉农产品贸易问题的研究概括起来分为三大领域：一是阐述中国与拉美农产品贸易的基本状况；二是测度中国或拉美农产品的竞争力；三是衡量中国与拉美农产品贸易的潜力。

首先，对于中国与拉美农产品贸易基本状况的阐述，一些国际组织的研究报告揭示了发展的历程，并对未来的趋势做出了判断。世界银行（World Bank, 2013）的研究认为，到 2050 年，拉美将为全球出口 1/2 的油籽、超过 1/3 的肉类，以及 1/3 的水果和蔬菜。联合国拉美经委会（UNECLAC, 2018）更明确地指出，拉美对中国的贸易顺差主要源自初级产品，但双方农产品贸易的国别和产品都高度集中。国内学者中，张勇（2014）也发现，中拉农产品贸易存在中国"低出口、高进口"以及贸易国别和产品集中度高的问题。孙东升等（2011）指出，中国可以从拉美进口资源型农产品，拉美是中国农产品实现市场多元化、降低贸易风险的重要区域之一。卡巴列罗（Caballero, 2011）认为，中拉之间的农产品贸易增速快，中国主要从巴西、阿根廷两国进口谷物和油料。李先德（Li, 2011）则发现，中国对拉美的农产品具有较高的依赖程度。姚博文（2015）通过对中国与南方共同市场的分析，认为双方农产品贸易互补性强。

其次，对于中国或拉美农产品竞争力的测度，学者们运用各种评价指标加以衡量。埃斯波斯托和佩雷拉（Esposto and Pereyra, 2013）借助显示性比较优势指数，发现拉美和澳大利亚虽然属于竞争对手，但双方的贸易潜力很大；朱晶和陈晓艳（2006）在分析互补性的基础上，采用贸易强度指数衡量贸易紧密性，指出中国与印度的农产品贸易仍有拓展的空间。最近的研究中，伊尔沙德等（Irshad et al.，2018）运用多种方法（EGLS、REM、PPML 等）估计引力模型，指出中国与巴基斯坦"贸易不足"。康特里曼和穆罕默德（Countryman and Muhammad，2018）认为，贸易战背景下，中国的关税沉重打击了美国葡萄酒的出口潜力。国内学者研究贸易潜力的方法较为先进，大多采用随机前沿（SFA）引力模型，但研究的对象各有不同。有的从全球的角度出发，如陈创练等（2016）、陈琳等（2018）；有的关注"一带一路"沿线，如张会清（2017）、刁莉等（2017）；有的针对某一个区域，如文淑惠和张昕（2017）研究中南半岛国家、陈继勇和李知睿（2019）分析"中巴经济走廊"；有的则专门考察某一个具体国家，如雷洋等（2018）研究伊朗、刘用明等（2018）分析俄罗斯。

针对中拉农产品的国际竞争力，学者们有的从拉美总体的角度，阐释中拉农产品的国际竞争力。如图尔兹（2016）指出南美国家的出口集中于少数几种初级产品，经济竞争力低；刘李峰与武拉平（2007）考察了中国与巴西、阿根廷、智利的农产品贸易关系，指出中国与南美各国农产品的产业内贸易不明显、贸易的产品集中度高、优势农产品的增长潜力巨大；余妙志和孟祖凯（2017）认为中国对南美洲农产品出口逆差不断扩大，双方农产品互补性强而竞争性弱，存在合作的空间和发展潜力。

有的从单个国家的角度，对比中拉农产品的国际竞争力。如针对中国与巴西，石教群等（2018）认为，巴西拥有优越的自然条件和丰富的劳动力资源，其农产品具有明显的优势；王丹等（2018）、韩亭辉和刘泽莹（2018）对中国与巴西的农产品贸易的竞争性和互补性进行了分析，认为两国农产品比较优势和贸易互补性均呈逐年增长的态势。针对中国与阿根廷，钟熙维等（2014）、张敏（2018）、耿晔强（2009）发现，两国间农产品贸易极不平衡、贸易互补性强、以产业间贸易为主的特点。针对中国与智利，李建平等（2007）指出，智利在畜牧产品、水产品、水果及其制品上的比较优势强，中国在蔬菜、茶叶、谷物上的比较优势强。针对中国与秘鲁，王丽红和田志宏（2008）发现，秘鲁主要出口饲料用鱼粉、咖啡、鱼油和芦笋，贸易的产品和市场都非常集中，国际竞争力强。

最后，对于中国与拉美的农产品贸易潜力的衡量，国内学者的分析相对较多。远铜（2010）从比较优势的视角考察中国与南美的农产品贸易增长潜力，分析方法涉及产业内贸易指数、相对贸易优势指数、显示性比较优势指数（RCA）、双边贸易综合互补系数等。马建蕾等（2012）认为，尽管中拉之间的农产品贸易快速增长，但仍有很大的发展空间。蔡鑫（2013）运用面板数据的引力模型进行分析，指出中国自拉美进口农产品与中国对拉美出口农产品的潜力存在差异。梁丹辉和孙东升（2014）利用显示性比较优势指数（RCA）、产业内贸易指数和贸易强度指数分析了中国与巴西的农产品贸易潜力空间。胡静（2018）利用扩展的引力模型，认为中拉之间农产品贸易潜力较大。

二、国内外研究动态的评述

综观上述研究，中国与拉丁美洲的农产品贸易竞争力问题是学界的研究热点，特别是在"一带一路"倡议对拉美的自然延伸、国家领导人对中拉关系高度重视的背景下，国内外学者展开了大量的研究。

但深入的分析发现，现有研究仍存在一些薄弱环节：首先，测算方法的系统性不够强。尽管学者们的研究较多，但到底该怎样科学地测算贸易竞争力，学术界尚未形成统一的认识。因此，有必要在系统剖析各种测算方法利弊的前提下，选用合理的方法对中国与拉美国家农产品贸易的竞争力加以测度。其次，研究范围的针对性不够强。尽管学者们研究了中国的农产品贸易，但完全针对中国与拉美的农产品贸易，尤其是中国与具体拉美国家（如阿根廷、墨西哥、巴西等）、在具体农产品（如蜂蜜、水果等）上的贸易竞争力涉及较少，而在指导农产品贸易实践方面，这类针对性强的研究更为必要。最后，研究数据的时效性不够强。已有研究多选取较早的贸易数据进行分析，但随着中国农业对外开放程度不断提高、国内外两个市场的相互作用不断加深，尤其是中美贸易摩擦以来，中国与世界农产品贸易格局发生了较大的变化，运用最新统计数据对中拉农产品贸易竞争力问题展开分析显得尤为必要。

第四节 研究的目标

本研究的总体目标是：采用权威数据资料，以中拉农产品的出口模式和进口模式为基础，运用扩展的引力模型就中拉农产品进出口贸易的影响程度进行科学模拟，并从宏观视角、国别视角和产品视角进一步探究中国与拉美农产品的国际竞争力，进而从未来的视角，分析中拉农产品贸易潜力的实现路径，以期为政府政策和企业界提供有价值的参考。

具体有三个细分目标：

(1) 评价中拉农产品的进出口模式；

(2) 阐释中拉农产品的国际竞争力；

(3) 展望中拉农产品贸易的潜力。

第五节 研究的内容

根据研究目标，本研究围绕以下五个专题展开：

一、中国与拉美农产品进出口模式探究

基于联合国统计署等国际组织和相关国家政府部门的贸易数据，首先采用散点图刻画中拉农产品出口与进口的变动状况和基本特征；其次，运用扩展的引力模型，考察中国对拉美农产品出口贸易的影响因素及中国自拉美进口农产品的影响因素；最后，在显著性影响因素的基础上，提出推动中国对拉美农产品出口及中国自拉美农产品进口的政策启示，为下一步分析中拉农产品贸易潜力奠定基础。

二、宏观视角下的中拉农产品贸易竞争力

从宏观视角，运用显示性比较优势（RCA）、贸易竞争力（TC）、国际市

场占有率（MOR）、出口相似度（ESI）等指标，分别从细分国家和细分产品两个角度，阐释中国与拉美五国（阿根廷、巴西、智利、墨西哥、秘鲁），在 HS 编码各章节产品上的国际竞争力，为推动中国与拉美国家的农产品贸易提供依据。

三、国别视角下的中拉农产品贸易竞争力

从国别视角，运用市场份额、显性比较优势指数（RCA）、贸易互补性指数（TCI）等指标，分别从全球市场、本国市场、第三方市场，测算中国与巴西、墨西哥农产品的国际竞争力，从国家层面为中国与拉美农产品国际竞争力的提升寻找潜力源泉。

四、产品视角下的中拉农产品贸易竞争力

从产品视角，运用贸易竞争优势指数（TSC）、显示性对称比较优势指数（RSCA）、进出口价格比等指标，并基于钻石模型，考察智利的水果、墨西哥的牛油果在中国市场上的竞争力，及对比阿根廷与中国蜂蜜的竞争力，从产品层面为中国与拉美农产品国际竞争力的提升寻找潜力源泉。

五、中国与拉美农产品贸易的未来展望

针对中拉命运共同体新理念，探究中拉农产品贸易面临的历史性机遇；进而基于相关贸易数据，从数量的角度考察中国与拉美农产品贸易的潜力大小，并分析潜力实现存在的其他相关问题，提出激发中拉农产品贸易潜力的对策建议。

第六节　资料的来源

研究所需要的数据资料主要来自联合国统计署、联合国拉美经委会、世

界银行、世界贸易组织、联合国粮农组织等国际组织和美国、欧盟以及巴西、阿根廷、墨西哥、智利等拉美国家，还有我国的相关政府部门。各部分所需的数据都有详细的来源介绍，在此不予赘述。

第一篇

宏观视角

|第二章|

中国对拉美农产品出口模式分析*

随着区域经济的高速增长和宏观经济环境的日趋稳定，拉美已成为越来越重要的全球贸易和投资目的地。在此大背景下，中国与拉美的经贸合作不断加强。2013 年，中国已成为拉美的第二大贸易伙伴和第三大投资国，拉美则成为全球对华出口增速最快的地区。双方的经贸合作已逐渐从贸易向投资、金融、能源、矿产、基建、高科技等领域扩展。那么，中国与拉美在农业领域的合作状况如何？中国对拉美的农产品出口受到哪些因素的影响？更进一步，今后该如何推动中国对拉美的农产品出口呢？对这些问题的回答就成为本研究的主旨。

从现有的文献来看，针对中国与拉美农产品贸易的研究主要从三方面展开：第一，中拉农产品贸易概述。卡巴列罗（Caballero，2011）指出，近年来中国与拉美的农产品贸易发展迅速，中国进口的拉美农产品主要是谷物和油料，大多来自巴西和阿根廷。李先德（2011）则发现，中国进

　* 本章的主要内容已发表，见：宋海英. 中国 – 拉美农产品贸易的影响因素：基于引力模型的实证分析［J］. 农业经济问题，2013（3）：74 – 78.

口拉美农产品的依存度很高，大豆、豆油、鸡肉依赖巴西和阿根廷，牛肉依赖巴西和乌拉圭，鱼胶粉依赖秘鲁和智利，糖依赖巴西和古巴，羊肉依赖乌拉圭。第二，中拉农产品国际竞争力分析。孙东升等（2011）认为，拉美是中国农产品贸易逆差的重要来源，中国与拉美主要是产业间农产品贸易，有明显的互补性。刘李峰和武拉平（2007）指出，中国与巴西、阿根廷、智利等拉美国家的农产品贸易具有产业内贸易程度低、比较优势产品贸易增长潜力巨大等特点。第三，中拉农产品贸易影响因素分析。罗萨莱斯（Rosales，2011）指出，中国－东盟自由贸易区对拉美农产品在中国的比较优势造成不利影响，关税也成为限制拉美农产品进入中国市场的障碍之一。张洁等（2008）认为，农产品供给能力、进口国国内生产总值以及距离是中国农产品出口拉美的重要影响因素。耿晔强（2008）认为，巴西向中国出口土地密集型农产品的影响因素包括中国市场需求扩大、巴西农产品竞争力提高、巴西农产品结构符合中国的需求。

尽管相关研究较为丰富，但深入分析发现已有的研究仍存在一些薄弱环节：其一，研究的资料有待更新。对中拉农产品贸易影响因素的分析主要使用 2007 年甚至更早的数据，但要想对今后双方的农产品贸易起到政策指导作用，运用最新数据资料进行分析是非常必要的。其二，模型的选用和扩展有待加强。已有的研究主要使用恒定市场份额（CMS）模型和引力模型，CMS 模型只能将影响农产品贸易的因素分解为市场规模效应、结构分布效应和竞争力效应，无法体现具体因素对贸易的影响程度；而引力模型能检验政策、历史、文化等因素对农产品贸易的影响程度。但现有的研究对引力模型的运用仅考虑了有限的几个因素，而汇率变动、区域经济一体化组织等重要变量却未能纳入。可见，引力模型的扩展还需加强。其三，研究的政策指导价值有待提高。金融危机的后续影响仍在不断蔓延，汇率变动对中国－拉美农产品贸易产生了怎样的影响，是推动了抑或阻碍了，还是不起作用？为推动中国与拉美的经贸合作，中国正在朝构建区域经济一体化组织（尤其是自由贸易区）方向努力，而这一举措对中国－拉美的农产品贸易又产生了怎样的影响呢？为了回答这些问题，本研究将在模型中纳入相应的变量，通过扩展的引力模型检验相关因素对中国农产品对拉美出口的影响程度，为中国的农产品贸易政策提供理论支撑。

第一节　中国对拉美农产品出口状况

中国对拉美的农产品贸易呈现两个特征：总体上，农产品贸易总量持续增长，贸易逆差逐年扩大；从国别和产品来看，农产品贸易的市场集中度和产品集中度都非常高。

总体上，中国与拉美之间的农产品贸易呈现不断增长的态势（参见图2－1）。出口方面，中国对拉美的农产品出口额从2002年的216.33百万美元提高到2010年的1578.71百万美元，年均增长78.72%；进口方面，中国对拉美的农产品进口额则从2002年的2765.41百万美元迅速提升到2010年的19492.52百万美元，提高了6倍多。

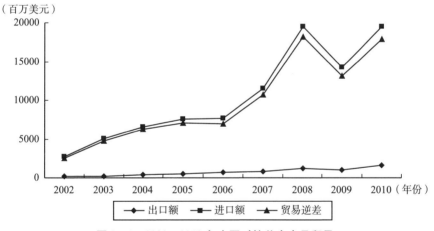

图2－1　2002～2010年中国对拉美农产品贸易

资料来源：UN Comtrade。

从贸易比重来看，2002年，中国对拉美农产品进出口总额为2981.74百万美元，占中国农产品贸易总额的9.81%，而到2010年，这一比重提高到17.45%。事实上，2002～2010年，中国对拉美农产品的进口占中国农产品进口总额的比重始终保持在20%以上，2008年更是达到33.38%。

此外，中国-拉美的农产品贸易呈现持续逆差的特征，且逆差额不断扩大。2002 年，中国对拉美的农产品贸易逆差额为 2549.08 百万美元，2010 年，这一数值已提高到 17913.82 百万美元。

从国别来看，尽管拉美拥有 33 个独立的国家和地区，但与中国进行农产品贸易的国家的集中度非常高，主要是巴西、阿根廷和墨西哥（见表 2 - 1）。从表 2 - 1 可以清晰地发现，中国出口农产品到拉美的主要市场是巴西和墨西哥，占 2010 年中国农产品出口拉美总额的比重分别达到 32.28% 和 28.33%，而接下来的哥伦比亚、智利等国的出口额相对较少，所占比重仅为 5% 左右。中国进口拉美农产品的来源国主要是巴西和阿根廷，占 2010 年中国进口拉美农产品总额的比重分别为 55.04% 和 29.27%，秘鲁仅占 5.75%。

表 2 - 1　　　　2010 年中国对拉美前十大农产品出口国和进口国

排序	出口			进口		
	国家	出口额 （百万美元）	占比 （%）	国家	进口额 （百万美元）	占比 （%）
1	巴西	509.54	32.28	巴西	10728.69	55.04
2	墨西哥	447.27	28.33	阿根廷	5705.30	29.27
3	哥伦比亚	89.49	5.67	秘鲁	1120.61	5.75
4	智利	86.24	5.46	乌拉圭	775.91	3.98
5	委内瑞拉	61.27	3.88	智利	747.34	3.83
6	多米尼加	50.90	3.22	古巴	232.00	1.19
7	秘鲁	39.56	2.51	墨西哥	104.33	0.54
8	巴拿马	37.76	2.39	危地马拉	22.06	0.11
9	哥斯达黎加	36.56	2.32	厄瓜多尔	21.07	0.11
10	阿根廷	36.11	2.29	哥斯达黎加	16.43	0.08

资料来源：UN Comtrade。

贸易差额的市场集中度也非常高（见表 2 - 2）。2010 年，中国对拉美农产品贸易顺差主要是墨西哥，占顺差总额的 49.32%，哥伦比亚、委内瑞拉和多米尼加分别占 11.49%、8.69% 和 7.31%。中国对拉美农产品贸易逆差主要是巴西和阿根廷，分别占全年逆差总额的 54.91% 和 30.46%，与秘鲁、乌拉圭、智利、古巴的逆差额均不大，与拉美其他国家则不存在农产品贸易逆差。

表 2 - 2   2010 年中国对拉美前七大农产品贸易顺差国和逆差国

排序	顺差			逆差		
	国家	顺差额（百万美元）	占比（%）	国家	逆差额（百万美元）	占比（%）
1	墨西哥	342.94	49.32	巴西	10219.14	54.91
2	哥伦比亚	79.88	11.49	阿根廷	5669.18	30.46
3	委内瑞拉	60.40	8.69	秘鲁	1081.06	5.81
4	多米尼加	50.84	7.31	乌拉圭	761.93	4.09
5	巴拿马	32.90	4.73	智利	661.11	3.55
6	海地	25.81	3.71	古巴	216.77	1.16
7	哥斯达黎加	20.13	2.90	圣基茨和尼维斯	0.01	0.00

资料来源：UN Comtrade。

从产品来看，中国与拉美农产品贸易的产品集中度也非常高（参见表 2 - 3）。从 HS 编码的产品分类看，中国出口拉美的农产品主要是第 7 章（食用蔬菜、根及块茎）、第 3 章（鱼、甲壳动物、软体动物及其他水生无脊椎动物）和第 16 章（肉、鱼、甲壳动物、软体动物及其他水生无脊椎动物的制品）产品，分别占 2010 年中国农产品出口拉美总额的 30.88%、19.68% 和 10.46%。接下来的第 20 章（蔬菜、水果、坚果或植物其他部分的制品）和第 23 章（食品工业的残渣及废料；配置的动物饲料）产品的出口占比分别为 7.52% 和 5.33%。进口方面，2010 年中国主要从拉美进口第 12 章（含油子仁及果实；杂项子仁及果实；工业用或药用植物；稻草、秸秆及饲料）产品，占全年进口总额的 70.86%，接下来的是第 23 章（食品工业的残渣；配置的动物饲料）和第 15 章（动、植物油、脂及其分解产品；精制的食用油脂；动、植物蜡）产品，分别占 6.57% 和 6.17%。

表 2 - 3   2010 年中国对拉美前十大进出口产品及其贸易状况

排序	出口			进口		
	产品	出口额（百万美元）	占比（%）	产品	进口额（百万美元）	占比（%）
1	7	487.49	30.88	12	13811.50	70.86

续表

排序	出口			进口		
	产品	出口额（百万美元）	占比（%）	产品	进口额（百万美元）	占比（%）
2	3	310.65	19.68	23	1280.01	6.57
3	16	165.06	10.46	15	1201.88	6.17
4	20	118.70	7.52	2	849.03	4.36
5	23	84.18	5.33	17	756.69	3.88
6	21	56.47	3.58	其他	388.48	1.99
7	17	54.73	3.47	24	373.10	1.91
8	13	53.89	3.41	8	284.67	1.46
9	5	41.88	2.65	3	140.33	0.72
10	其他*	39.23	2.49	20	125.89	0.65

注：* 其他产品包括第 29 章的"有机化合物"，第 35 章的"蛋白类物质、改性淀粉、胶"，第 38 章的"杂项化学产品"，第 41 章的"生皮（毛皮除外）及皮革"，第 43 章的"毛皮、人造毛皮及其制品"，第 50 章的"蚕丝"，第 51 章的"羊毛、动物细毛或粗毛；马毛纱线及其机织物"，第 52 章的"棉花"以及第 53 章的"其他植物纺织纤维；纸纱线及其机织物"，下同。

贸易差额的产品集中度也很高（参见表 2-4）。2010 年，中国对拉美农产品贸易顺差主要是第 7 章（食用蔬菜、根及块茎）、第 3 章（鱼、甲壳动物、软体动物及其他水生无脊椎动物）和第 16 章（肉、鱼、甲壳动物、软体动物及其他水生无脊椎动物的制品）产品，分别占中国对拉美农产品贸易顺差总额的 50.74%、17.73% 和 11.33%，其他产品的顺差额相对较低。中国对拉美农产品贸易逆差则主要集中在第 12 章（含油子仁及果实；杂项子仁及果实；工业用或药用植物；稻草、秸秆及饲料）产品上，占 2010 年逆差总额的 73.03%。

表 2-4　　　　　　　2010 年前十大贸易顺差和逆差产品

排序	顺差			逆差		
	产品	顺差额（百万美元）	占比（%）	产品	逆差额（百万美元）	占比（%）
1	7	487.37	50.74	12	13784.37	73.03

续表

排序	顺差			逆差		
	产品	顺差额 （百万美元）	占比 （%）	产品	逆差额 （百万美元）	占比 （%）
2	3	170. 33	17. 73	15	1197. 59	6. 35
3	16	108. 82	11. 33	23	1195. 83	6. 34
4	13	41. 25	4. 29	2	848. 64	4. 50
5	5	40. 23	4. 19	17	701. 96	3. 72
6	21	38. 43	4. 00	其他	349. 25	1. 85
7	18	31. 16	3. 24	24	347. 67	1. 84
8	9	28. 91	3. 01	8	277. 55	1. 47
9	19	10. 02	1. 04	22	86. 22	0. 46
10	11	3. 73	0. 39	4	35. 09	0. 19

资料来源：UN Comtrade。

不断提高的贸易比重意味着拉美在中国农产品贸易中的地位越来越重要；持续扩大的贸易逆差表明中国对拉美农产品的贸易依赖程度在不断增强；而一路走高的市场集中度与产品集中度则预示着中国与拉美的农产品贸易存在极高的风险。这三点都对中国敲响了警钟，说明中国与拉美的农产品贸易必须引起高度的重视。

第二节　模型构建与数据来源

为了进一步分析中国－拉美农产品贸易的影响因素，笔者选取贸易引力模型进行模拟。

一、引力模型

（一）模型的来源

引力模型是借鉴牛顿万有引力定律的思想，将量化后的影响因素纳入模型，以考察各因素对贸易的影响程度。丁贝金（Tinbergin，1962）和波伊豪宁（Poyhonen，1963）最早将引力模型应用到国际贸易领域，认为两国的双边贸易流量与他们各自的经济总量成正比，与他们之间的距离呈反比例关系。随后，由于引力模型在解释贸易模式方面取得了巨大的成功，学者们开始为其构建理论分析框架。安德森（Anderson，1979）首次对引力模型进行了理论解释；随后，赫尔普曼和克鲁格曼（Helpman and Krugman，1985）指出，引力模型可由规模报酬递增的垄断竞争模型加以推导获得。迪尔多夫（Deardorff，1998）则运用赫克歇尔 – 俄林模型阐述了引力模型的来源；而伊顿和图姆（Eaton and Kortum，2002）则将引力模型的理论渊源归结为李嘉图模型。

引力模型的最初表现形式为：

$$T_{ij} = A \frac{\left(G_i G_j \right)^{b_1}}{\left(D_{ij} \right)^{b_2}} \tag{2-1}$$

式（2-1）中，T_{ij} 表示国家 i 和国家 j 之间的双边贸易流量，G_i 和 G_j 分别表示两个国家的经济总量，D_{ij} 表示两个国家之间的距离，A 为比例常数。为了得到引力估计方程，对上式取自然对数并添加随机误差项，得到：

$$\log(T_{ij}) = A + b_1 \log(G_i G_j) + b_2 \log(D_{ij}) + \varepsilon_{ij} \tag{2-2}$$

式（2-2）中，A、b_1 和 b_2 都是待估系数。随机误差项 ε_{ij} 包含其他一切影响贸易的因素。

（二）模型的扩展

学者们为了检验政策、历史、文化等因素对贸易的影响，逐步将优惠贸易协定、贸易限制措施、殖民关系、共同语言等指标加入引力模型。例如，林内曼（Linnemann，1966）将人口作为变量纳入引力模型，柏格斯特拉德（Bergstrand，1989）则引入了人均收入和汇率等变量，使引力模型包含更多影响因素。之后，弗兰克尔（Frankel，1997）指出，实际国内生产总值（GDP）和地理距离构成了引力模型的基本形式，同时引入共同的边境、共同的语言、人均 GDP 和是否同属于一个贸易联盟，组成了引力模型的完整形式。罗丝（Rose，2000）则在弗兰克尔的基础上，通过增加殖民关系、汇率变动、共同的货币三个变量，对引力模型进行了扩展；亚马利克和高希（Yamarik and Ghosh，2005）在基础形式上增加了进出口国的利率、实际发展水平、相对发展水平、贸易政策、语言历史联系、地理因素、汇率变动、相对要素禀赋、地区贸易联盟和时间变量等，使引力模型的形式更加丰富。由此可见，学者们对引力模型的扩展已不仅建立在某个理论系统的基础之上，而是根据学者的不同研究目的加以选择。

本研究运用以下引力模型的扩展形式对中国 – 拉美农产品贸易的影响因素进行模拟：

$$\ln T_{ij} = \beta_0 + \beta_1 \ln G_j + \beta_2 \ln D_{ij} + \beta_3 E_j + \beta_4 R_{ij} + \beta_5 \ln L_j + \varepsilon_{ij} \qquad (2-3)$$

式（2 – 3）中，T_{ij} 表示中国 i 与拉美国家 j 的农产品出口额（美元），各解释变量的含义、影响被解释变量的预期符号及其理论说明见表 2 – 5。

表 2 – 5　　　　　　　　　解释变量的含义、预期符号及理论说明

变量	含义	预期符号	理论说明
E_j	拉美国家 j 的国家价格水平	+	本国产品价格水平的提高会增加对国外同类产品的进口，因而具有正向促进作用
R_{ij}	虚拟变量，中国 i 与拉美国家 j 是否建立了区域经济一体化组织，"是" 取 1，"否" 取 0	+	当两国建立了区域经济一体化组织时，由于经济一体化的贸易创造效应，双边贸易额将提高
G_j	拉美国家 j 的人均 GDP（美元，以 2000 年为基期）	+	反映收入水平对进口的影响，收入水平越高，潜在的进口需求越旺盛，进口额越高
L_j	拉美国家 j 的土地面积（平方公里）	+／-	土地面积越大，可能对土地密集型农产品的进口减少，但对劳动密集型农产品的进口可能增加，因为国内更多注重于土地密集型农产品的生产
D_{ij}	中国 i 与拉美国家 j 之间的地理距离（英里）	-	表示运输成本的高低，从而成为阻碍农产品贸易的重要因素之一

　　注：之所以没有选取中国的经济规模（或收入水平）、人民币汇率、土地面积等因素主要是由于研究中使用面板数据进行模拟，而上述数据在同一年份相对于所有的拉美国家而言都是固定不变的。

二、样本选取

本研究选取 2002～2010 年中国对拉美国家农产品的出口贸易数据，应用扩展的引力模型，对中国 – 拉美农产品贸易的影响因素进行模拟。之所以选择 2002～2010 年的数据，主要考虑到中国加入世界贸易组织可能对农产品出口产生一定的影响，此外，就促进今后中国与拉美国家的农产品贸易而言，选用最近的数据资料进行分析更有意义。

对于拉美国家的选择,笔者选取了 29 个农产品贸易伙伴:安提瓜和巴布达、阿根廷、巴哈马斯、巴巴多斯、玻利维亚、巴西、伯利兹、智利、哥伦比亚、哥斯达黎加、多米尼克、多米尼加、厄瓜多尔、萨尔瓦多、危地马拉、圭亚那、海地、洪都拉斯、牙买加、墨西哥、尼加拉瓜、巴拿马、巴拉圭、秘鲁、圣文森特和格林纳丁斯、苏里南、特立尼达和多巴哥、乌拉圭、委内瑞拉。拉美其余的 4 个国家(古巴、格林纳达、圣基茨和尼维斯、圣卢西亚)之所以没有包括进来,主要由于他们的相关数据无法收集齐全。当然,这几个国家与中国的农产品贸易量很少,对整个模型结果的影响不大。

三、数据来源

中国对拉美各样本国家农产品出口贸易数据来源于联合国商品贸易数据库(UN Comtrade),对农产品的口径采用 WTO 农业协议的农产品加上水产品,产品种类采用国际通用的 HS 编码,具体包括第 1 ~ 24 章及部分其他农产品(参见:陈志钢、宋海英等,2012)。

拉美各样本国家的人均 GDP、国家价格水平[①]、土地面积等数据都来源于联合国统计署的数据库;中国与拉美各国之间的距离用上海到各国最大港口(或首都)的直线距离表示,数据来自印度尼西亚巴厘岛网站(www. indo. com)中的"距离计算器"(distance calculator);中国与各样本国是否建立区域经济一体化组织的资料来源于中国商务部国际经贸关系司。各主要变量的描述性统计见表 2 - 6。

表 2 - 6   主要变量的描述性统计

变量	单位	均值	最大值	最小值	标准差
T_{ij}	美元	2.39×10^7	5.10×10^8	18080	6.54×10^7
E_j	—	0.56	1.13	0.26	0.14
R_{ij}	—	0.03	1	0	0.17

---

① 拉美国家的国家价格水平用购买力平价转换因子与市场汇率的比率表示,它表明拉美各样本国家需要多少美元来购买在美国价值相当于 1 美元的产品。

续表

变量	单位	均值	最大值	最小值	标准差
G_j	美元	5497.63	21997.01	311.44	4536.69
L_j	平方公里	690487.90	8459420	390	1608481
D_{ij}	英里	9734.16	12216	8030	1181.96

第三节　实证结果分析

笔者采用时间跨度为9年、横截面有29个国家，样本容量为261个的面板数据进行分析，以控制样本的异质性（Cheng and Wall，2005；Helpman et al.，2007），并减少多重共线性。引力模型的运算使用软件 Stata 12.0。模型的 Hausman 检验表明，应采用随机效应，因此，模型的处理采用广义最小二乘法（GLS），估计结果见表2-7。

表2-7　　中国对拉美农产品出口的影响因素：引力模型估计结果

变量	步骤1	步骤2	步骤3	步骤4	步骤5
常数项	12.2873 ***	12.4071 ***	12.6541 ***	5.5427 ***	8.0459 ***
E_j	4.9841 ***	4.7201 ***	2.8081 ***	2.8314 ***	2.7911 ***
R_{ij}		0.9057 **	0.7030 *	0.6583 *	0.6766 *
G_j			0.0002 ***	0.0002 ***	0.0002 ***
L_j				0.6319 ***	0.7058 ***
D_{ij}					-0.0003
R^2	0.2892	0.3044	0.3543	0.4490	0.4783
Wald 统计量	90.16 ***	97.65 ***	114.84 ***	145.57 ***	147.58 ***

注：*代表10%的显著性水平；**代表5%的显著性水平；***代表1%的显著性水平。

从模型的估计结果中可以看出：

首先，国家价格水平的变动对中国-拉美农产品贸易产生了显著的正向影响。拉美国家价格水平的估计系数为2.7911，表明拉美国家价格水平的提高显著地促进了其对中国农产品的进口。通过市场汇率除以购买力平价的转换因子得到的国家价格水平，表明在一个国家需要多少美元来购买在美国价值相当于 1 美元的产品，体现着拉美国家的货币与美元之间的比价关系的变动情况。从模拟结果中可知，随着本国农产品价格水平的相对提高，拉美国家的消费者存在转而购买中国农产品的倾向。

其次，区域经济一体化组织，主要是自由贸易区，显著地促进了中国 – 拉美的农产品贸易。中国与拉美国家是否建立了区域经济一体化组织的估计系数为 0.6766，表明区域经济一体化组织对中国 – 拉美农产品贸易产生了显著的正向影响。现今，中国已经分别同拉美的智利、秘鲁和哥斯达黎加三国签订了自由贸易区的双边协议，通过相互取消关税的方式，使中国 – 拉美的农产品贸易得到扩大和拓展。正是由于自由贸易区等区域经济一体化组织的建立对包括农产品贸易在内的对外贸易能产生积极的促进作用，中国正在努力构建更多、更大范围的区域经济一体化组织，以进一步推动农产品贸易的发展。

最后，以人均 GDP 表示的收入水平对中国 – 拉美农产品贸易产生了显著的正向影响。拉美国家人均 GDP 的估计系数为 0.0002，表示拉美国家人均收入水平的提高将显著地增加对中国农产品的进口。同时，以土地面积表示的土地资源禀赋状况也显著地推动了中国 – 拉美的农产品贸易。拉美国家土地面积的估计系数为 0.7058，表示拉美国家土地面积的扩大对中国劳动密集型农产品的进口具有显著的促进作用。

需要指出的是，地理距离对中国 – 拉美农产品贸易的影响并不显著。尽管地理距离的估计系数为 – 0.0003，表示地理距离对中国 – 拉美农产品贸易的影响是负向的，但这一影响却并不显著。这一点在笔者的相关研究（宋海英、孙林，2012）中也得到了证实。由此可见，随着科学技术的进步和交通运输业的发展，大多数人所担心的中国与拉美之间遥远的地理距离已不再构成双方农产品贸易的主要障碍，只要其他条件合理，地理距离的屏障是完全可以冲破的。

第四节 政 策 启 示

综合以上分析，本研究可得到以下几点政策启示：

第一，中国对拉美的农产品贸易总量不断增长，占农产品贸易总额的比重持续提高；贸易逆差不断扩大；贸易的市场集中度与产品集中度都非常高。这些充分表明中国应该对中国－拉美农产品贸易引起高度的重视。

第二，拉美国家价格水平的提高显著地促进了中国对拉美的农产品出口。这说明，一方面，中国应密切关注拉美国家汇率水平的变动，以监测其价格水平的升跌情况，进而关注其对农产品贸易的潜在影响；另一方面，中国还应注意人民币汇率的升值对拉美国家价格水平的影响，进而可能影响到中国－拉美的农产品贸易。

第三，区域经济一体化组织，主要是自由贸易区，对中国－拉美农产品贸易产生了显著的正向影响，这表明中国应该在巩固中国－智利、中国－秘鲁、中国－哥斯达黎加自由贸易区相关成果的基础之上，加大力度同拉美的主要贸易伙伴，如巴西、阿根廷、墨西哥等国，构建起区域经济一体化的合作机制，推动双方农产品贸易的发展。一种可行的做法是，通过加强与拉美国家共同体的合作，在拉美已经建立起来的经济一体化组织中下功夫，以尽快推动中国与拉美国家的农产品贸易。

当然，收入水平对中国－拉美农产品贸易也产生了显著的正向影响，意味着中国应加强同拉美国家在贸易、投资等领域的合作，以提高拉美人民的收入水平，进而增加对中国农产品的进口。中国和拉美国家都属于发展中国家，在美国经济形势尚不明朗、欧洲债务危机仍未解除的背景下，亚洲和拉美的经济形势依然保持平稳的发展态势，中国应抓住这个有利时机，加强同拉美国家的信息沟通与交流，通过深化多层次的经贸合作，从而提高双方民众的福祉。

第三章

中国自拉美农产品进口模式分析[*]

第一节　提　出　问　题

　　2014 年 1 月，拉美和加勒比国家共同体（Comunidad de Estados Latinoamericanos y Caribeños）在第二届首脑会议上通过了"关于支持建立中国－拉共体论坛的特别声明"，标志着中国与拉美的关系由发展国与国之间的双边关系提升到了整体合作的层面。实际上，中国已成为拉美大多数国家的主要贸易伙伴，拉美出口增长的最大动力来自中国。中拉双方在金融、资源、能源、基础设施、高科技等领域的合作取得了显著成效。在此背景下，中国与拉美的农产品贸易状况如何呢？尽管中国对拉美的农产品出口快速增长，但进口增速明显快于出口，中拉农产品贸易呈现持续的逆差特征（宋海英，2013）。从进口的角度看，中拉农产品进口的总量日益增加，导致农产品的

---

　　[*] 本章的主要内容已发表，见：宋海英，尉博. 中国从拉美国家进口农产品的影响因素分析 [J]. 世界农业，2015（1）：108 – 113，203。

贸易逆差不断扩大；中拉农产品进口的市场集中度高，表明中国与拉美的农产品贸易风险很大；中拉农产品进口的产品集中度高，说明中国对拉美农产品的依赖性强。那么，为什么中国与拉美的农产品进口贸易表现出这些特征？中国从拉美进口农产品的影响因素有哪些？今后该如何有效促进中拉之间的农产品贸易呢？对这些问题的回答就成为本研究的主旨。

第二节 文 献 回 顾

中国与拉美农产品贸易的相关研究主要从以下几个方面展开：

其一，中拉农产品贸易的总体分析。马建蕾和秦富等（2012）认为，中国与拉美的农产品贸易发展潜力巨大，但同时存在贸易成本高、农业投资环境差、跨国公司控制等问题。孙东升等（2011）指出，中国与拉美的农产品贸易主要是产业间贸易，存在明显的互补性。刘李峰和武拉平（2007）的研究则发现，中国与拉美三大主要贸易伙伴（巴西、阿根廷和智利）的农产品贸易具有产业内贸易程度低、比较优势产品贸易增长潜力巨大等特点。

其二，中拉农产品进口贸易的分析。卡巴列罗（Caballero，2011）针对中国与拉美之间的农产品进口贸易进行了分析，指出中拉农产品进口发展迅速，中国从拉美进口的农产品主要是谷物和油料，重点来自巴西和阿根廷。李先德（Li，2011）的研究也发现，中国对拉美农产品的进口依存度很高，大豆、豆油和鸡肉主要来自巴西和阿根廷，牛肉主要来源于巴西和乌拉圭，鱼胶粉则依靠秘鲁和智利。

其三，农产品进口的影响因素分析。高颖和田维明（2008）运用引力模型对中国从巴西、阿根廷等国进口大豆的影响因素进行了分析，认为大豆进口价格、贸易伙伴国的产业政策、国内大豆市场开放度对中国大豆的进口贸易格局产生了显著的影响。陈等（Chen et al.，2010）则运用产品差异模型考察了中国的大豆进口贸易，发现中国豆粕的价格（而非豆油的价格）对大豆进口贸易产生重要的影响。龚和武（Gong and Wu，2009）运用多元线性回归模型分析了中国进口糖的影响因素，结果表明国内糖的生产和消费，以及汇率变动对糖的进口产生重要影响。蒋兴红和王征兵（2013）运用恒定市场份额（CMS）模型对中国农产品进口贸易进行了实证分析，发现农产品进口增长最主要的影响因素是国内进口引力的增加，而世界农产品整体需求的增长也会带来中国农产品进口的大幅增加。

从现有的文献来看，学者们对中国与拉美的农产品贸易展开了丰富的研究，部分学者还专门针对中拉农产品进口贸易进行了分析。从农产品进口的影响因素来看，国内外学者运用各种方法对这一问题进行了剖析，既有对整体农产品进口影响因素的考察，也有对具体农产品进口影响因素的解析。但深入分析后发现，现有专门针对中国从拉美进口农产品影响因素的分析却不多见，而在中拉农产品进口规模日益扩大、贸易风险不断显现的背景下，中拉农产品进口贸易受到了哪些因素的影响、今后该如何有效推进中拉之间的农产品贸易等问题亟待解答。笔者在现有研究的基础上，运用最新的统计数据，通过扩展引力方程模型对中国与拉美的农产品进口贸易进行模拟。

第三节　中国自拉美农产品进口状况

一、进口规模持续增长，贸易逆差不断扩大

在进口总量方面，2013 年中国从拉美进口农产品 32976.66 百万美元，比 2001 年的 2401.02 百万美元提高了 12.73 倍。从图 3 – 1 可见，除了 2009 年有所下降外，其他年份中国从拉美国家的农产品进口均表现出增长态势。

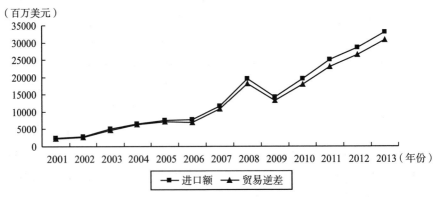

图 3 – 1　2001 ~ 2013 年中国 – 拉美农产品贸易状况

资料来源：UN Comtrade。

在贸易平衡方面，中国与拉美国家的农产品贸易呈现持续的逆差特征，且逆差额不断增大（见图 3-1）。实际上，自有数据可查[①]的 1992 年以来，中拉之间的农产品贸易就表现出逆差状态，近年来逆差进一步扩大。2013 年，中国与拉美的农产品贸易逆差达到 30637.84 百万美元，比 2001 年提高了 12.76 倍。尽管中国对拉美的农产品出口额逐年扩大，但进口额的增速更快，因此，中国与拉美的农产品贸易逆差越来越高，这不得不引起重视。

二、进口市场集中度高，农产品贸易风险大

在进口的地理分布方面，中国从拉美的农产品进口集中在少数几个国家。表 3-1 列出了 2012 年和 2013 年前十大农产品进口国及其占比情况。从表中可见，中国主要从拉美的巴西和阿根廷两国进口农产品，分别占 2013 年中国从拉美农产品进口总额的 68.33% 和 15.13%，而从乌拉圭、智利和秘鲁进口农产品分别仅占 6.19%、4.28% 和 3.45%，其他国家所占的比重均非常低。

表 3-1 　　　　　　　 2012 年、2013 年前十大进口国及其贸易状况

排序	2012 年			2013 年		
	国家	进口额（百万美元）	占比（%）	国家	进口额（百万美元）	占比（%）
1	巴西	18688.68	65.48	巴西	22529.12	68.33
2	阿根廷	5098.94	17.87	阿根廷	4988.59	15.13
3	乌拉圭	1525.75	5.35	乌拉圭	2041.63	6.19
4	秘鲁	1251.20	4.38	智利	1411.72	4.28
5	智利	1200.90	4.21	秘鲁	1138.12	3.45
6	古巴	288.46	1.01	墨西哥	238.48	0.72
7	墨西哥	252.79	0.89	古巴	229.79	0.70
8	厄瓜多尔	121.90	0.43	厄瓜多尔	167.21	0.51
9	危地马拉	49.45	0.17	危地马拉	157.15	0.48
10	哥斯达黎加	25.23	0.09	哥斯达黎加	39.52	0.12

资料来源：UN Comtrade。

---

① UN Comtrade 数据库（http://comtrade.un.org/）。

在国别贸易平衡方面，中国与拉美的农产品贸易逆差也集中于少数几个国家。从表 3 - 2 给出的 2012 年和 2013 年前五大逆差国及其占比情况看，巴西和阿根廷是中拉农产品贸易逆差的主要来源国，2013 年分别占逆差总额的69.05% 和15.78%，而乌拉圭、智利和秘鲁所占的比重分别仅为 6.41%、3.89% 和3.44%，其他国家所占的比重均非常低。

表 3 - 2　　　　　　　2012 年、2013 年前五大逆差国及其贸易状况

排序	2012 年			2013 年		
	国家	逆差额（百万美元）	占比（%）	国家	逆差额（百万美元）	占比（%）
1	巴西	18004.20	67.88	巴西	21672.78	69.05
2	阿根廷	5057.94	19.07	阿根廷	4951.67	15.78
3	乌拉圭	1503.90	5.67	乌拉圭	2011.52	6.41
4	秘鲁	1192.14	4.49	智利	1222.17	3.89
5	智利	1055.92	3.98	秘鲁	1079.51	3.44

资料来源：UN Comtrade。

必须指出的是，这种农产品进口和贸易逆差集中于少数几个，甚至个别国家的现象，表明中国与拉美的农产品进口存在较高的风险。2013 年，中国从巴西进口的农产品占总进口额的比重接近七成，巴西和阿根廷两国的比重加起来超过九成。万一中国与上述国家的贸易关系出现摩擦，极有可能导致中国的农产品需求无法得到满足，这将出现难以预料的后果。因此，中国与拉美的农产品进口贸易风险值得深入研究。

三、进口农产品集中度高，贸易的依赖性强

在进口的农产品结构方面，中国从拉美进口的农产品集中于少数几个种类。表 3 - 3 给出了 2013 年前十大农产品的进口贸易情况。根据 HS 编码分类，中国主要从拉美进口第 12 章（含油子仁及果实；杂项子仁及果实；工业用或药用植物；稻草、秸秆及饲料）农产品，占中拉农产品进口总额的73.92%；之后是第 17 章（糖及糖食）农产品，占 5.52%；第 15 章（动、

植物油、脂及其分解产品；精制的食用油脂；动、植物蜡）农产品位列第三，占4.34%；其余产品的占比均很低。

表3-3   2013年前十大产品的进口额、逆差额及其占比

排序	进口			逆差		
	产品	进口额 （百万美元）	占比 （%）	产品	逆差额 （百万美元）	占比 （%）
1	12	24372.18	73.92	12	24354.51	76.29
2	17	1821.21	5.52	17	1746.27	5.47
3	15	1430.41	4.34	15	1402.80	4.39
4	23	1177.38	3.57	23	1044.95	3.27
5	2	1009.33	3.06	2	1009.21	3.16
6	8	779.10	2.36	8	765.76	2.40
7	其他	732.44	2.22	其他	658.37	2.06
8	24	492.89	1.49	24	457.93	1.43
9	3	333.79	1.01	4	207.18	0.65
10	22	209.12	0.63	22	193.56	0.61

注：产品中"其他"类指HS编码中第24章以后的所有农产品。
资料来源：UN Comtrade。

在产品贸易平衡方面，中国与拉美的农产品贸易逆差也集中于少数几个种类。从表3-3给出的2013年前十大农产品的贸易逆差情况看，第12章（含油子仁及果实；杂项子仁及果实；工业用或药用植物；稻草、秸秆及饲料）农产品是中拉农产品贸易逆差的最主要来源，占逆差总额的76.29%；之后的第17章（糖及糖食）农产品占5.47%；第15章（动、植物油、脂及其分解产品；精制的食用油脂；动、植物蜡）农产品占4.39%。其余产品的占比均不高。

同样，这种农产品进口和贸易逆差集中于少数几个种类的现象，说明中国与拉美的农产品进口贸易对个别产品的依赖性很强，贸易风险很高。2013年，第12章（含油子仁及果实；杂项子仁及果实；工业用或药用植物；稻草、秸秆及饲料）农产品占中拉农产品总进口和贸易逆差的比重均在七成以上，这表明该类产品已占据中拉农产品进口贸易的主体，中国对该类产品的进口需求高度依赖拉美国家。

第四节　引力方程模型

为了考察中国与拉美农产品进口贸易的影响因素，笔者选取扩展的引力方程模型进行分析。

一、模型的一般形式

引力方程模型是借用牛顿万有引力定律的思想，将影响贸易的各种因素纳入计量模型，估计其对贸易的影响程度。自从丁贝金（Tinbergin，1962）和波伊豪宁（Poyhonen，1963）将引力模型应用于国际贸易领域以来，该模型在解释贸易模式、衡量贸易效应、测算贸易潜力等方面取得了巨大成功。引力模型的一般形式为：

$$T_{ij} = A \frac{(G_i G_j)^{b_1}}{(D_{ij})^{b_2}} \tag{3-1}$$

式（3-1）中，T_{ij}表示国家i和国家j之间的双边贸易流量，G_i和G_j分别表示两个国家的经济总量，D_{ij}表示两个国家之间的距离，A为比例常数。为了得到估计方程，对（3-1）式的两边同时取对数，得到：

$$\log(T_{ij}) = A + b_1 \log(G_i G_j) + b_2 \log(D_{ij}) + \varepsilon_{ij} \tag{3-2}$$

式（3-2）中，A、b_1和b_2为待估系数。随机误差项ε_{ij}包含影响贸易的其他所有因素。

二、模型的扩展形式

为了检验政策、历史、文化等因素对贸易的影响，学者们将优惠贸易安排、非关税壁垒、共同语言、殖民关系、共同边境等纳入引力模型。弗兰克尔（Frankel，1997）指出，GDP 和地理距离构成了引力模型的基本形式，同时纳入共同边境、共同语言、人均 GDP 和贸易联盟，组成了引力模型的完整形式。罗丝（Rose，2000）则引入殖民关系、汇率变动、共同货币三个变量，对引力模型进行了扩展；亚马利克和高希（Yamarik and Ghosh，2005）增加了利率水平、经济发展、贸易政策、共同语言、地理因素、汇率变动、要素禀赋、贸易联盟和时间变量等，使引力模型的形式更加丰富。由此可见，学者们对引力模型的扩展已不仅建立在某个系统理论的基础上，而是根据学者的研究目的加以选择。

笔者运用引力方程模型的以下扩展形式对中国与拉美农产品进口贸易的影响因素进行分析：

$$\ln T_{cl} = \beta_0 + \beta_1 \ln GDP_c + \beta_2 \ln GDP_l + \beta_3 \ln DIS_{cl} + \beta_4 \ln LAN_l + \beta_5 RTA_{cl} + \beta_6 \ln EXC_l + \mu_{cl}$$

$$(3-3)$$

式（3-3）中，T_{cl} 表示中国 c 从拉美国家 l 的农产品进口额；GDP_c 和 GDP_l 分别代表中国和拉美国家的人均 GDP；DIS_{cl} 为中国和拉美国家之间的地理距离；LAN_l 代表拉美国家的土地面积；RTA_{cl} 为虚拟变量，表示中国与拉美国家是否签署了区域经济一体化协议；EXC_l 表示拉美国家的汇率水平。

将拉美国家和中国的人均 GDP 而不是 GDP 总量纳入引力模型，主要是考虑到农产品为日常消费品，消费者收入水平（人均 GDP）的提高对农产品进口的影响更为直接；选取土地面积主要因为中国进口的农产品以土地密集型为主，土地面积对农产品进口产生重要的影响；而区域经济一体化，尤其是自由贸易区，对国际贸易的影响已得到众多学者（Sun and Reed，2010）的证实；将汇率水平纳入模型主要考虑到世界经济危机爆发以来，以汇率表示的国际金融状况对农产品贸易产生了重要影响，但是否对中国与拉美的农产品进口贸易产生影响，有待检验。

三、样本选取及数据来源

在拉美国家的选择上，笔者以贸易规模为基础，选取前五大农产品贸易伙伴，外加与中国组建了自由贸易区的国家，共 6 个拉美国家纳入模型，具体包括：巴西、阿根廷、乌拉圭、智利、秘鲁和哥斯达黎加。在样本时间的选取上，为了尽量延长时期，笔者选用 1992～2013 年的数据进行模拟。数据来源方面，中国从拉美国家的农产品进口额来自 UN Comtrade 数据库（http：//comtrade. un. org/）；中国和拉美各国的人均 GDP 用剔除了价格变动（2005 年不变价）的实际人均 GDP 表示，数据来自世界银行的世界发展指标（http：//data. worldbank. org/indicator）；中国与拉美国家之间的地理距离以上海到各国最大港口城市（或首都）的直线距离表示，数据来自印度尼西亚巴厘岛网站（www. indo. com）；拉美国家的汇率水平用购买力平价转换因子与市场汇率的比率表示，资料来源于世界银行；拉美国家的土地面积数据也来自世界银行。各主要变量的描述性统计及其预期作用方向参见表3-4。

表3-4　　　　　　　变量的描述性统计及其预期作用方向

变量	单位	均值	最大值	最小值	标准差	预期作用方向
T_{cl}	百万美元	1434. 45	22529. 12	0. 24	3309. 87	
GDP_c	美元	1672. 28	3583. 38	533. 79	930. 04	+
GDP_l	美元	5050. 45	9728. 48	1826. 72	1623. 08	-
DIS_{cl}	英里	11198. 33	12216	9136	1064. 53	-
LAN_l	万公顷	1689. 01	7337. 44	20	2367. 52	+
RTA_{cl}	—	—	1	0	—	+
EXC_l		0. 86	5. 46	0. 31	0. 91	-

注："+""-"分别表示该解释变量对被解释变量的作用方向为正、负。1英里≈1.61千米。

第五节　模型检验结果

笔者采用横截面有6个国家、时间跨度为22年，样本容量为132个的面板数据，运用软件STATA 12.0进行模拟。引力方程模型的估计采用逐步回归的方式进行，各步骤的估计结果参见表3-5。

表3-5　　　　　　　引力方程模型的估计结果

变量	步骤1	步骤2	步骤3	步骤4
GDP_c	2. 621 *** (0. 275)	2. 521 *** (0. 241)	2. 493 *** (0. 168)	2. 511 *** (0. 171)
GDP_l	- 1. 360 (0. 903)	- 1. 136 (0. 755)	- 1. 725 *** (0. 288)	- 1. 675 *** (0. 302)
DIS_{cl}	16. 061 ** (7. 239)	6. 691 * (3. 967)	7. 584 *** (1. 102)	7. 633 *** (1. 108)

续表

变量	步骤1	步骤2	步骤3	步骤4
LAN_l		0.808 *** (0.187)	0.823 *** (0.052)	0.830 *** (0.053)
RTA_{cl}			0.698 *** (0.268)	0.674 ** (0.273)
EXC_l				−0.086 (0.156)
常数项	−152.011 ** (66.663)	−70.687 ** (34.573)	−73.997 *** (9.259)	−75.066 *** (9.483)
R^2	0.6377	0.8835	0.8923	0.8925
观测值	132	132	132	132
国家数	6	6	6	6

注：括号内为标准误；＊、＊＊、＊＊＊分别表示在0.1、0.05、0.01的统计水平上显著。

首先，人均收入水平的提高对中国从拉美进口农产品产生了显著的正向影响。从步骤一到步骤四的结果均发现，中国人均GDP影响中拉农产品进口额的回归系数都是显著为正，表明中国人均收入水平的提高，有助于促进对拉美农产品的进口。相反，拉美人均GDP的提高对中国从拉美进口农产品产生了显著的负向影响。从步骤三和步骤四的结果来看，拉美人均GDP影响中拉农产品进口额的回归系数均显著为负，表明拉美国家随着人均收入水平的提高，将增加对区内农产品的需求，进而阻碍了中国从拉美进口农产品。

其次，拉美国家的土地面积对中国从拉美进口农产品产生了显著的正向影响。从步骤二到步骤四的结果中可见，拉美国家的土地面积影响中拉农产品进口额的回归系数都显著为正，表明拉美国家的土地面积越大，中国从该拉美国家的农产品进口额就越高。实际上，中国从拉美进口的农产品主要是大豆等土地密集型产品，土地面积对其必然产生重要的影响。这从侧面验证了中国进口土地密集型农产品就是在进口资源的假说。

最后，自由贸易协议的签署对中国从拉美进口农产品产生了显著的正向影响。步骤三和步骤四的模拟结果显示，以虚拟变量表示的自由贸易区对中拉农产品进口额的影响显著为正，表明中国同智利、秘鲁和哥斯达黎加三国分别签订的自由贸易协议推动了中国从拉美国家进口农产品，自贸区战略的实施有助于满足国内的农产品需求。

第六节　政　策　含　义

近年来，中国与拉美农产品的进口总量持续增长，农产品贸易逆差不断扩大；进口市场集中度高，农产品贸易风险大；进口产品集中度高，贸易的依赖性强。通过扩展引力方程模型，运用最新的统计数据，笔者对中国与拉美农产品进口贸易的影响因素进行了模拟，结果发现，中国人均 GDP 的增长、拉美国家的土地面积和自由贸易区都对中国从拉美进口农产品产生了显著的正向影响。因此，笔者提出以下政策建议：

第一，产品多元化与市场多元化相结合，分散农产品贸易风险。尽管中拉农产品进口在中国农产品进口总量中所占的比重不高，但中国从拉美进口农产品的集中度特别高。为此，必须将产品多元化与市场多元化结合起来，在扩大进口农产品种类的同时，增加进口的来源国，尤其是对大豆等敏感产品，以降低农产品进口贸易风险。

第二，抓大与放小相结合，扩大从拉美国家进口农产品。鉴于中国和拉美的农产品贸易存在很强的互补性，中国可在尽力规避贸易风险的基础上，有规划、适度地增加对国内急需的拉美农产品的进口，以弥补中国耕地等资源的不足，因为土地面积对中国从拉美进口农产品产生了显著的影响，适度进口拉美的资源性农产品，就相当于利用了拉美的耕地资源，对于中国来说是合适的。

第三，引进来与走出去相结合，推进与拉美国家的农业合作。中国应抓住中拉合作论坛这一时机，不断加强同拉共体展开农业领域的合作，将走出去与引进来结合起来，在加大对矿产、石油、新能源等领域投资的同时，扩大对其农产品的进口。并且，加强同智利、秘鲁和哥斯达黎加等国的农业谈判，以扩大合作范围，进一步巩固自由贸易区的农产品贸易效果。

第四章

中国与拉美农产品比较优势分析

第一节 研 究 动 态

一、国外研究动态

国外学者主要从拉美国家和亚洲国家的经贸发展历程、直接投资、贸易政策以及金融危机对两个地区的影响等方面展开相关研究。龚和吉姆（Gong and Kim，2018）指出全球金融一体化对拉美经济商业周期的同步具有显著的积极影响。平托等（Pinto et al.，2017）指出美国－拉美优惠贸易协定中关税的削减使得拉美产品的竞争力上升。罗萨莱斯（Rosales，2017）指出中国－东盟自贸区带来的关税减免，使得拉美农产品在中国的竞争力削弱。乔斯林（Josling，2015）指出由于与美国和欧盟（EU）存在贸易关系，进入亚洲市场的吸引力对拉美及加勒比地区国家可能不那么大。科茨瓦尔（Kotschwar，2014）认为中国与拉美在合作中要注意防范中国过度开发拉美资源的情况。查赫里（Chaherli，2013）指出为了使拉美和加勒比地区国家的农业部门保持竞争力，重要的是适当管理实际汇率。

二、国内研究动态

近年来，有国内学者强调中国农产品国际贸易的重点是特定市场，因而相关研究集中于中国与其他国家或地区农产品贸易关系。姜徐宁和黄和亮（2019）运用 RCA 和 TCI 指标对中俄农产品贸易进行研究，发现中俄两国之间存在资源和市场的互补性，中俄农产品贸易潜力巨大，农产品比较优势差异明显，互补性强。李月娥和张吉国（2019）对中国入世后中国与印度农产品竞争力的比较研究表明，中国水产品、园艺产品的竞争力较强，而印度谷物竞争力较强。乔雯（2018）利用 RCA 指数，TCI 指数和 G－L 指数来衡量中国和中欧与东欧国家之间的贸易互补性，发现中国与中东欧在优势农产品上存在差异，不存在较强的竞争性，产业内贸易水平较低，互补性在增强。

自 2005 年中国和智利签署自由贸易协定以来，学术界对中国与拉美国家在农产品上竞争与合作的研究聚焦于以下三个方面：

其一，贸易概况介绍。宋海英（2019）研究显示：在中美经贸摩擦下，拉美在大豆、高粱等少数产品上替代美国的潜力有限，而在食品、水产品等产品上潜力较大，在水果、蔬菜、猪肉等产品上潜力巨大。王丹（2018）通过梳理中巴农产品贸易现状，认为中国对巴西将继续保持巨额贸易逆差，双边贸易的产品结构将得到改善。李静（2016）系统梳理了拉美农业各领域的发展，指出拉美农业发展中存在明显的农业二元结构、农业劳动生产率低、农产品加工水平低等问题。张勇（2017）指出，农产品一直是中国与拉美贸易结构的重要组成部分，拉美是中国农产品贸易逆差的重要来源。马建蕾等（2012）发现中国与拉美国家之间农产品贸易的快速增长主要表现在拉美对华出口上，集中在少数国家和少数产品上，贸易发展极不平衡。

其二，农产品竞争性与互补性研究。田清淞（2017）综合利用 RCA 指数、TCI 指数等多项指数，发现中国和巴西在农产品出口方面存在较大差异；巴西出口中国农产品的互补性高于中国出口巴西；巴西农产品整体竞争优势较强,中国在园艺产品持续保持较强的国际竞争力,中巴农产品出口相似度较高。李亚波(2014)发现中国和智利两国出口商品存在差异,相互竞争较小,双边贸易具有较强的互补性,但近年来互补性不断减弱。

其三,中拉农产品贸易影响因素分析。胡京(2018)基于贸易引力模型,测量了中国和拉美之间农产品贸易潜力,并指出经济规模、进口国家的人口、是否属于同一贸易组织等因素和农产品贸易呈正相关,而两国之间的绝对距离和进口税占总税收的比例对两国之间的农业贸易产生了负面影响。徐芬和刘宏曼(2018)在贸易增长的三元分解框架的基础上,研究发现中国和秘鲁两国自由贸易区刺激了进口价格和数量、对从中国进口农产品的类型有重大负面影响。刘春鹏(2017)的分析指出,拉美农产品出口竞争力不足,主要靠特定农产品带动出口。顾蕊(2016)指出 TPP 的签订使中国出口墨西哥的水产品受到越南的强烈冲击。

通过对现有研究文献的梳理可见,虽然相关的研究相对丰富,深入分析发现,现有研究中仍存在一些薄弱环节:首先,研究数据需要更新,贸易数据越新越能准确描述现实,更有针对性地解决存在的问题;其次,中国与拉美农产品比较优势研究集中于极个别国家,缺乏区域性研究。

第二节 研究范围与数据来源

拉丁美洲共有 33 个国家及地区,研究范围广泛,从市场分布来看,中国与拉美国家的商品贸易主要集中在巴西、阿根廷、墨西哥、智利、秘鲁五个国家,占拉丁美洲商品贸易的 75% 以上,且持续增加。为简化分析,设定研究范围为阿根廷、巴西、智利、墨西哥、秘鲁五个国家,以下简称为拉美五国。

国际贸易中,农产品的统计口径多样且不一致。结合前人研究,笔者以《商品名称和编码协调制度》(HS 编码)中的前二十四章商品和第 50~51 章商品作为农产品。利用 UN Comtrade 数据库的数据,对中国与拉美五国的农产品贸易概况进行分析。

第三节 中国与拉美五国农产品贸易概况

一、中国与拉美农产品贸易概况

表4-1数据显示，2009~2018年中国与拉美的农产品贸易增长迅速，进出口总额由2009年的152.93亿美元增长到2018年的461亿美元，增长近3倍，年均增长11.67%。

表4-1　　　　　　2009~2018年中国与拉美农产品贸易额　　　　单位：亿美元

贸易额	2009年	2010年	2011年	2012年	2013年	2014年	2015年	2016年	2017年	2018年
出口额	10.8	16.3	21	20.6	23.9	22.1	21.9	24.4	24.4	24.6
进口额	142.2	194.9	251.2	285.4	329.5	320.3	312.4	288.2	346.6	436.2
贸易总额	152.9	211.1	272.2	306	353.3	342.4	334.2	312.5	371	460.8
净出口额	-131.4	-178.6	-230.2	-264.8	-305.6	-298.2	-290.5	-263.8	-322.2	-411.6

资料来源：商务部《中国农产品进出口月度报告》。

同一阶段内，中国对拉美的农产品贸易以进口为主，进口额由2009年的142.16亿美元增长到436.20亿美元，年均增速为11.86%；出口增长相对较慢，出口额由2009年的10.77亿美元增加到2018年的24.62亿美元，出口额年均增速为8.62%。进出口增长的不平衡性使得贸易逆差不断拉大，中国对拉美五国的贸易逆差由2009年的131.39亿美元增长到2018年的411.57亿美元。

从农产品进出口的贸易总额看（见图4-1），中国与拉美的贸易额占与全球农产品贸易总额的比重从2009年至2018年表现为波动性提高，在2016年后，增长速度加快，2018年的比重达21.29%。

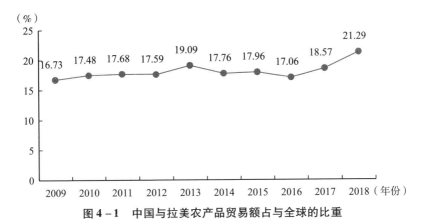

图 4-1 中国与拉美农产品贸易额占与全球的比重

资料来源：商务部《中国农产品进出口月度报告》。

二、中国与拉美农产品贸易结构

2018 年，中国与巴西农产品贸易总额为 334.48 亿美元，占中国与拉美地区农产品总贸易额的 72.56%。2018 年智利超过阿根廷成为中国在拉美国家中第二大农产品贸易伙伴，占比 7.38%。阿根廷、墨西哥、秘鲁与中国的农产品贸易额相对较小，分别占比为 4.97%、3.31%、4.00%（见图 4-2）。

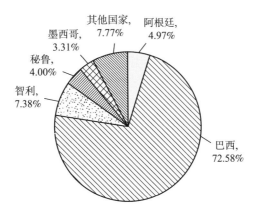

图 4-2 2018 年中国与各国农产品贸易额占中国与拉美总贸易额比重

资料来源：商务部《中国农产品进出口月度报告》。

（一）市场结构特征

中国对拉美地区的农产品出口主要集中于墨西哥和巴西。如表 4-2 所示，墨西哥是中国在拉美地区的最大农产品出口国，2018 年，中国对墨西哥出口农产品 8.58 亿美元，占中国对拉美农产品出口的 34.86%；其次是巴西，中国对其出口农产品 4.34 亿美元，占比 17.64%；中国出口智利农产品 3.15 亿美元，占比 12.84%。中国与这三个国家农产品出口在拉美地区占比超过 60%，市场集中度高。

表 4-2　　　　　　2018 年中国与拉美国家农产品贸易额及份额

出口			进口		
国家或地区	出口额（万美元）	份额（%）	国家或地区	进口额（万美元）	份额（%）
拉丁美洲	246229.90	100.00	拉丁美洲	4361983.10	100.00
墨西哥	85843.30	34.86	巴西	3301322.70	75.68
巴西	43435.10	17.64	智利	308428.10	7.07
智利	31530.10	12.81	阿根廷	224454.40	5.15
哥伦比亚	10896.40	4.43	秘鲁	174373.10	4.00
秘鲁	9765.20	3.97	乌拉圭	153822.70	3.53
巴拿马	8976.00	3.65	墨西哥	66486.70	1.52
波多黎各	6800.90	2.76	古巴	19618.30	0.45
阿根廷	4624.80	1.88	哥伦比亚	5682.30	0.13

资料来源：UN Comtrade。

中国从拉美地区的农产品进口主要来自巴西。如表 4-2 所示，巴西是中国从拉美地区农产品进口的第一大国，2018 年中国进口巴西农产品出口达 330.1 亿美元，占中国自拉美进口农产品的 75.68%；其次是智利，对中国农产品出口 30.8 亿美元，占 7.07%；中国自阿根廷进口农产品 22.4 亿美元，占比 5.15%；自秘鲁进口农产品 17.4 亿美元，占比 4%。这四个国家份额合计 91.38%，是中国从拉美地区进口农产品的主要来源地。

（二）产品结构特征

第一，中国从拉美主要进口资源密集型农产品。从产品大类来看（见表4－3），植物产品是中国从拉美进口的最大农产品类别，2018年进口325亿美元，占74.39%；其次是活动物及产品，占14.58%；食品、饲料、饮料及烟草进口35.4亿美元，占8.1%。从产品章节看，第12章（含油子仁及果实；杂项子仁及果实；工业用或药用植物；稻草、秸秆及饲料）是中国从拉美进口农产品最多的农产品，进口301.3亿美元，占中国从拉美进口农产品的68.96%；其次是第2章肉及食用杂碎，进口46.9亿美元，占10.73%。中国从拉美进口的农产品主要是资源密集型产品，具有资源禀赋属性。

表4－3　　　　　　　　　2018年中国与拉美农产品贸易结构

类别	进口额（万美元）	份额（%）	出口额（万美元）	份额（%）
第一类　活动物及产品	636953.59	14.58	42009.18	12.78
1 活动物	3105.08	0.07	0.00	0.00
2 肉及食用杂碎	468565.23	10.73	60.97	0.02
3 鱼、甲壳动物，软体动物及其他水生无脊椎动物	157097.14	3.60	34356.69	10.45
4 乳品；蛋品；天然蜂蜜；其他食用动物产品	7845.10	0.18	239.96	0.07
5 其他动物产品	341.05	0.01	7351.56	2.24
第二类　植物产品	3249735.15	74.39	49177.49	14.96
6 活树及其他活植物；鳞茎、根及类似产品；插花及装饰用簇叶	3358.95	0.08	117.94	0.04
7 食用蔬菜、根及块茎	407.59	0.01	23801.88	7.24
8 食用水果及坚果；柑桔属水果或甜瓜的果皮	218844.96	5.01	1562.56	0.48
9 咖啡、茶、马黛茶及调味香料	6804.65	0.16	8214.83	2.50
10 谷物	136.48	0.00	268.23	0.08
11 制粉工业产品；麦芽；淀粉；菊粉；面筋	710.15	0.02	3339.10	1.02
12 含油子仁及果实；杂项子仁及果实；工业用或药用植物；稻草、秸秆及饲料	3012871.12	68.96	2738.81	0.83
13 虫胶；树胶、树脂及其他植物液、汁	4320.77	0.10	9072.42	2.76

续表

类别	进口额（万美元）	份额（%）	出口额（万美元）	份额（%）
14 编结用植物材料；其他植物产品	2280.46	0.05	61.73	0.02
第三类　动植物油脂及蜡	57369.17	1.31	2051.98	0.62
15 动、植物油、脂及其分解产品；精制的食用油脂；动、植物蜡	57369.17	1.31	2051.98	0.62
第四类　食品；饮料酒及醋；烟草及烟草代用品的制品	354013.43	8.10	137778.52	41.91
16 肉、鱼、甲壳动物、软体动物及其他水生无脊椎动物的制品	12182.76	0.28	66589.22	20.26
17 糖及糖食	59314.06	1.36	10601.77	3.22
18 可可及可可制品	3505.22	0.08	1526.93	0.46
19 谷物、粮食粉、淀粉等或乳的制品；糕饼点心	294.49	0.01	2620.74	0.80
20 蔬菜、水果、坚果或植物其他部分的制品	17215.99	0.39	18445.74	5.61
21 杂项食品	2553.96	0.06	11766.61	3.58
22 饮料、酒及醋	68506.60	1.57	2407.18	0.73
23 食品工业的残渣及废料；配制的动物饲料	159411.87	3.65	16815.81	5.12
24 烟草及烟草代用品的制品	31028.49	0.71	7004.53	2.13
第十一类　纺织原料及纺织制品	70697.33	1.62	97723.06	29.73
50 蚕丝	94.65	0.00	1693.41	0.52
51 羊毛、动物细毛或粗毛；马毛纱线及其机织物	27710.47	0.63	4916.80	1.50
52 棉花	40580.13	0.93	87265.42	26.55
53 其他植物纺织纤维；纸纱线及其机织物	2312.07	0.05	3847.43	1.17

资料来源：UN Comtrade。

　　第二，中国对拉美主要出口劳动密集型农产品。从产品大类来看，食品、饲料、饮料及烟草等加工产品是中国出口拉美最大的农产品类别，出口 13.8 亿美元，占中国对拉美农产品出口的 41.91%；其次是植物产品，出口 4.9 亿美元，占 14.96%。根据产品章节，中国主要出口蔬菜、蔬果产品、水产品和其他劳动密集型农产品，第 52 章（棉花）是中国对拉美农产品最大的出口商品，出口额 8.7 亿美元，占中国对拉美农产品出口总额的 26.55%；

再次是第 16 章（肉、鱼、甲壳动物、软体动物及其他水生无脊椎动物的制品），出口额 6.7 亿美元，占 20.26%；最后是第 3 章（鱼、甲壳动物，软体动物及其他水生无脊椎动物），出口 3.4 亿美元，占 10.45%。棉花和水产品的出口反映了中国在以劳动力资源为基础的农产品方面的比较优势。

第四节　中国与拉美五国农产品竞争性分析

一、显示性比较优势分析

显示性比较优势是指一国产品出口额占出口总值的比重除以该产品在世界出口总额中的比重。它是衡量一国产品在国际贸易市场上竞争力的重要指标。公式是：

$$RCA_{aj} = (X_{aj}/X_a)/(X_{wj}/X_w) \qquad (4-1)$$

其中，X_{aj} 表示 a 国 j 产品的出口值，X_a 表示 a 国的所有产品的出口总值，X_{wj} 表示 j 产品在世界上的出口总值，X_w 表示世界商品出口总值。

若 $RCA > 2.5$，则说明 a 国的 j 产品具有很强出口竞争优势；若 $1.25 < RCA \leqslant 2.5$，则具有较强竞争优势；若 $0.8 \leqslant RCA \leqslant 1.25$，具有一定竞争优势；若 $RCA < 0.8$，则不具有竞争优势（刘春鹏等，2017）。

（一）细分国家层面的分析

由表 4-4 可知，中国与智利相比，中国农产品竞争力不如智利，智利农产品的国际竞争力明显高于中国，且 2009～2018 年智利的显示性比较优势指数波动上升，中国与智利的农产品国际竞争力差距不断扩大。阿根廷农产品具有极强的竞争优势，显示性比较优势指数总体呈波动上升趋势，平均达到 6.43，在国际农产品市场占据有利地位，中国农产品的国际竞争力远远低于阿根廷。和秘鲁相比，中国的 RCA 指数一直低于秘鲁，2015 年秘鲁的 RCA 指数上升峰值至 2.58，而后虽有波动，国际竞争力维持在较强水平。中国与巴西相比，巴西农产品在国际市场的竞争优势显著，2009～2018 年 RCA 指数总体维持在 4.1 左右，波动幅度不大。中国与墨西哥两国农产品国际竞争力都较弱，2009～2018 年墨西哥农产品 RCA 指数小幅度上升，平均显示性比较优势指数为 0.80，竞争优势仍不明显，但始终高于中国。总体来看，2009～2018 年，中国与拉美五国农产品国际竞争力水平和变化趋势略有不同，中国农产品国际竞争力低于拉美国家。

表 4 - 4   2009～2018 年中国与拉美国家农产品 RCA 指数

年份	智利	阿根廷	秘鲁	巴西	墨西哥	中国
2009	2.38	5.74	2.07	4.10	0.81	0.49
2010	2.14	6.22	2.04	3.90	0.76	0.51
2011	2.21	6.42	2.07	3.86	0.77	0.51
2012	2.30	6.34	2.02	4.12	0.74	0.48
2013	2.49	6.40	2.00	4.16	0.75	0.47
2014	2.67	6.32	2.47	4.20	0.75	0.45
2015	2.83	6.78	2.58	4.34	0.79	0.44
2016	2.91	6.82	2.36	4.12	0.84	0.46
2017	2.76	6.67	2.25	4.09	0.88	0.45
2018	2.92	6.55	2.49	4.09	0.90	0.46

资料来源：UN Comtrade。

（二）细分产品层面的分析

与智利相比，中国农产品国际竞争力在第 50 章和第 53 章中具有显著性，智利农产品国际竞争力在第 3 章、第 8 章、第 13 章、第 14 章、第 20 章和第 22 章中具有显著性，特别是在第 8 章中，智利的显示性比较优势指数高达 13.26；总共二十八章农产品，只有九章农产品在国际市场上的竞争力超过智利。阿根廷在多数农产品上国际竞争力都较强，RCA 指数高于 2.5 的共有十二章，尤其是第 10 章和第 23 章，显示性比较优势指数分别高达 20.61 和 38.34，而中国在这两章上的国际竞争力很弱。在第 15 章农产品上，秘鲁具有极强的竞争优势，与秘鲁相比，中国仅有八章农产品在国际市场上具有竞争优势。中国与巴西在第 12 章和第 17 章农产品上竞争优势差距较大，巴西在第 12 章农产品的显示性比较指数为 26.60。墨西哥多数农产品竞争力不明显，仅在第7章农产品在国际市场具有极强的竞争优势，与墨西哥相比，中国农产品竞争优势主要集中在第50章农产品上。总体而言，中国在国际市场具有国际竞争力的农产品种类较少且竞争力较弱，而拉美国家优势农产品种类多样且优势显著。

表4–5　　　　　　　　2018年中国与拉美国家农产品RCA指数

分类（章）	智利	阿根廷	秘鲁	巴西	墨西哥	中国
1	0.10	0.53	0.09	2.23	1.45	0.19
2	1.89	6.05	0.01	8.15	0.61	0.05
3	12.37	5.42	3.17	0.17	0.40	0.84
4	0.43	3.45	0.54	0.21	0.21	0.05
5	1.03	1.98	0.19	4.36	0.18	1.70
6	0.61	0.03	0.33	0.04	0.16	0.13
7	0.42	2.69	3.64	0.13	4.24	1.15
8	13.26	2.59	10.13	0.59	2.27	0.33
9	0.05	1.34	7.25	8.38	0.47	0.56
10	0.22	20.61	0.53	3.24	0.22	0.06
11	1.80	7.24	0.60	0.35	0.57	0.31
12	1.08	5.49	0.64	26.60	0.08	0.21
13	3.41	0.23	0.80	1.31	0.74	1.44
14	7.09	—	18.27	1.13	2.41	1.06
15	0.75	13.37	1.98	1.22	0.17	0.09
16	2.08	0.73	2.73	1.52	0.17	1.47
17	0.19	0.90	0.36	13.11	1.69	0.35
18	0.12	0.64	2.15	0.59	0.56	0.06
19	0.57	0.95	0.80	0.21	1.10	0.19
20	2.53	5.66	3.58	3.06	1.08	0.94
21	0.97	0.62	0.38	1.10	0.59	0.36
22	4.12	2.31	0.39	0.67	2.28	0.15
23	1.44	38.34	9.26	7.17	0.17	0.30

分类（章）	智利	阿根廷	秘鲁	巴西	墨西哥	中国
24	0.49	1.70	0.03	3.56	0.23	0.24
50	0.01	—	0.08	1.22	0.04	3.97
51	0.83	5.11	6.26	0.18	0.13	1.29
52	0.07	0.93	0.26	2.36	0.25	2.01
53	0.05	0.00	0.01	1.03	0.01	2.65

注："—"表示由于贸易数据为 0，无法进行 RCA 指数的计算，因而该年份计算结果为空白。

资料来源：UN Comtrade。

二、贸易竞争力指数分析

学术界将一个国家某一种产品进出口差额占该产品进出口总额的比重称为贸易竞争力指数（TC），用以说明该产品竞争力水平的大小，计算公式如下：

$$TC = (X_{ac} - M_{ac})/(X_{ac} + M_{ac}) \qquad (4-2)$$

其中，X_{ac} 为 a 国 c 产品的出口额，M_{ac} 为 a 国 c 产品的进口额，如果 TC 指数大于 0，说明 a 国 c 产品具有竞争优势；反之，则不具备竞争优势。TC 指数越接近于 1，竞争力越强。

（一）细分国家层面的分析

如表 4 - 6 所示，从国家角度看，中国与阿根廷竞争力指数长期处于 - 0.96 左右，表明两国农产品贸易长期处于贸易逆差。2009 ~ 2018 年，中国对巴西的农产品贸易也一直是进口远远大于出口，竞争力指数始终小于 - 0.86，中国在双边农产品贸易中的劣势明显。中国从智利进口的农产品均远大于出口的农产品，贸易竞争力指数有所波动，但中国一直处于竞争劣势。中国与墨西哥贸易竞争力指数始终大于零，表明中国在与其农产品贸易中一直处于长期顺差状态，但竞争力指数波动性下降，中国与墨西哥在农产品贸易上的竞争优势有所减小。与秘鲁的贸易中，中国的贸易竞争力指数始终低于零，表明中国与秘鲁的农产品贸易一直是进口大于出口。从整体上看，中国与不同拉美国家的农产品竞争力水平和变化趋势不同。

表 4 - 6 　　　　　　　2009～2018 年中国与拉美国家农产品 TC 指数

年份	阿根廷	巴西	智利	墨西哥	秘鲁
2009	- 0. 97	- 0. 93	- 0. 78	0. 74	- 0. 89
2010	- 0. 97	- 0. 86	- 0. 69	0. 69	- 0. 88
2011	- 0. 96	- 0. 88	- 0. 64	0. 54	- 0. 88
2012	- 0. 96	- 0. 91	- 0. 71	0. 49	- 0. 87
2013	- 0. 97	- 0. 91	- 0. 70	0. 56	- 0. 86
2014	- 0. 96	- 0. 93	- 0. 69	0. 61	- 0. 88
2015	- 0. 95	- 0. 93	- 0. 69	0. 62	- 0. 87
2016	- 0. 96	- 0. 93	- 0. 73	0. 65	- 0. 82
2017	- 0. 95	- 0. 95	- 0. 73	0. 52	- 0. 87
2018	- 0. 94	- 0. 97	- 0. 80	0. 27	- 0. 87

资料来源：UN Comtrade。

（二）细分产品层面的分析

由表 4 - 7 可知，将农产品按章划分比较两国在农产品贸易中的竞争力。在第 1 章和第 2 章农产品竞争中，中国有极强的竞争劣势，对此类农产品中国几乎只从拉美五国进口而不对拉美五国出口。对于第 3 章（鱼、甲壳动物、软体动物及其他水生无脊椎动物）农产品，中国对巴西有较强的竞争优势，但是竞争优势由 2009 年的 0. 96 减少到 2018 年的 0. 70；中国对墨西哥由极强的竞争优势转向竞争劣势，而对智利、秘鲁竞争劣势有所下降。第 4 章农产品是中国不具备竞争力的产品，而在 2018 年，第 4 章农产品成为中国对墨西哥具有较强的竞争力的产品。在第 5 章其他动物产品上，中国与阿根廷、巴西、墨西哥三国相比拥有较强的竞争优势；与智利竞争优势大幅度降低，2018 年竞争力指数水平低于智利；而与秘鲁的竞争指数上升，由竞争优势很弱的产品变为竞争优势稍弱的产品。第 6 章农产品上，2009 年中国具有强势竞争力的农产品丧失竞争优势，而与智利的优势竞争力水平保持稳定。中国在第 7 章（食用蔬菜、根及块茎）上贸易竞争力指数一直处于较高水平，有极强的竞争优势。中国与拉美五国在第 8 章食用水果类农产品贸易上，平均竞争力指数处于 - 0. 8，成为中国竞争劣势极大的农产品，仅与巴西竞争力不相上下。中国在第 9 章农产品上竞争优势极强，与阿根廷、智利、墨西哥贸易竞争力指数均超过 0.6，与秘鲁有较强的竞争优势，与巴西的竞争劣势加大。对于第 10 章谷物农产品，智利、阿根廷、秘鲁、墨西哥在贸易中占据主导地位，而中国和巴西处于绝对优势地位，只进口不出口。中国在第 11 章农产品上长期占据竞争优势。对于第 12 章农产品，中国贸易竞争力指数一直低于 -0.9，不具备任何竞争优势，中国保持着贸易逆差，但是与墨西哥之间存在较强的竞争优势。中国在第 13 章农产品上，相对拉美国家有明显的竞争优势，与智利竞争优势微弱，而与巴西存在稍强的竞争劣势。对于第 14 章农产品，除与阿根廷占据绝对竞争优势外，中国与其他四国的贸易竞争指数均低于 -0.6，说明在双边农产品贸易中，中国一直在该产品上具有极强的竞争劣势。第 15 章动物油脂及蜡是中国在双方贸易中竞争劣势最大的农产品，2018 年中国与智利、墨西哥竞争力水平相当。对于第 16 章农产品贸易，中国与智利、巴西、墨西哥存在极强的竞争优势，竞争力指数均高于 0.9，而与阿根廷、秘鲁存在较强的竞争劣势。中国在第 17 章糖及糖食方面，与巴西竞争力指数低于 -0.9，是竞争劣势极大的农产品；而与其他拉美四国存在显著的竞争优势。第 18 章的可可及可可制品和第 19 章的谷物或乳制品、糕饼一直是中国具有竞争优势的产品，虽然竞争力较强，但竞争力指数逐渐下降，竞争优势逐渐丧失。对于第 20 章农产品，中国与秘鲁、墨西哥、阿根廷竞争优势明显；与智利从具有较强竞争优势的农产品转变为竞争优势较弱的农产品。在杂项食品方面，中国竞争能力较强，竞争优势明显。对于第 22 章（饮料、酒及醋）农产品，中国的贸易竞争力指数均低于 -0.4，表明拉美五国在该产品上具有较强的竞争优势。对于第 23 章农产品，中国仅与巴西具有竞争优势，与其他四国均存在较大的竞争劣势。对于第 24 章（烟草、烟草及烟草代用品的制品）农产品，中国与智利、秘鲁、墨西哥具有绝对竞争优势；而与阿根廷、巴西具有绝对竞争劣势。第 50 章蚕丝是中国最具竞争优势的农产品。第 51 章（羊毛、动物细毛或粗毛；马毛纱线及其机织物）农产品，智利、阿根廷、秘鲁保有较强的竞争能力，竞争优势明显；中国与巴西竞争能力下降，竞争力水平相当；中国与墨西哥存在极强的竞争优势。第 52 章（棉花）与第 53 章（植物纤维及其机织物）农产品，除巴西外，中国与各国存在极强的竞争优势。

表 4 - 7　　　　2009 年、2018 年中国与拉美五国细分农产品的 TC 指数

分类（章）	智利		阿根廷		秘鲁		巴西		墨西哥	
	2009 年	2018 年	2009 年	2018 年	2009 年	2018 年	2009 年	2018 年	2009 年	2018 年
1	- 1.00	—	- 1.00	- 1.00	—	- 1.00	—	- 1.00	—	- 1.00
2	- 1.00	- 1.00	- 1.00	- 1.00	—	—	- 1.00	- 1.00	1.00	- 1.00
3	- 0.97	- 0.88	- 1.00	- 1.00	- 0.98	- 0.64	0.96	0.70	0.64	- 0.13
4	—	- 1.00	- 0.96	- 0.99	—	—	- 0.83	- 0.99	- 0.05	0.41
5	0.70	- 0.08	0.99	0.71	- 1.00	- 0.26	0.98	0.99	0.90	0.52
6	- 0.96	- 0.94	1.00	0.31	1.00	- 1.00	0.08	- 0.70	1.00	- 0.03
7	1.00	0.59	0.96	1.00	1.00	0.99	1.00	1.00	1.00	0.76
8	- 0.99	- 1.00	- 1.00	- 0.96	- 1.00	- 0.99	- 0.48	0.06	- 0.52	- 0.84
9	1.00	1.00	0.61	0.69	0.34	0.59	- 0.36	- 0.67	1.00	1.00
10	0.37	- 0.88	- 1.00	- 1.00	- 1.00	- 1.00	1.00	0.99	- 1.00	- 0.99
11	- 0.07	0.71	0.69	1.00	1.00	0.79	0.64	0.60	1.00	0.27
12	- 0.97	- 0.95	- 1.00	- 1.00	- 1.00	- 0.99	- 1.00	- 1.00	0.95	0.55
13	0.13	0.16	1.00	1.00	0.84	0.90	- 0.37	- 0.37	0.82	0.64
14	- 0.70	- 0.90	1.00	1.00	- 0.99	- 1.00	- 1.00	- 0.94	- 0.28	- 0.92
15	- 0.99	- 0.04	- 1.00	- 1.00	- 1.00	- 0.95	- 1.00	- 0.99	- 0.74	0.13
16	0.39	0.92	1.00	- 0.85	- 0.91	- 0.83	0.98	1.00	0.98	1.00
17	0.95	0.47	- 0.66	0.89	1.00	1.00	- 0.97	- 0.92	0.99	0.94
18	1.00	1.00	0.13	0.68	1.00	0.98	0.74	0.51	0.99	0.35
19	1.00	0.65	0.94	0.92	1.00	0.76	0.78	0.97	0.99	0.43
20	0.81	0.30	- 0.19	0.51	1.00	0.66	- 0.71	- 0.66	0.94	0.84
21	1.00	0.98	0.89	0.99	0.96	0.93	- 0.12	0.34	0.79	0.71
22	- 0.95	- 0.94	- 1.00	- 0.98	1.00	- 0.68	0.68	- 0.45	- 0.98	- 0.99
23	- 0.99	- 0.63	- 0.73	- 0.14	- 0.99	- 0.99	0.79	0.54	0.59	- 0.59
24	1.00	1.00	- 1.00	- 1.00	1.00	1.00	- 1.00	- 1.00	—	1.00
50	1.00	1.00	1.00	1.00	1.00	1.00	0.96	0.85	1.00	0.99
51	- 0.71	- 0.93	- 0.96	- 1.00	- 0.95	- 0.98	0.44	0.02	0.95	0.96
52	1.00	1.00	1.00	0.71	0.91	0.95	0.08	- 0.65	0.69	0.77
53	1.00	1.00	1.00	0.97	1.00	1.00	- 0.35	- 0.05	0.95	0.77

注："—"表示由于贸易数据为 0，无法进行 TC 指数的计算，因而个别年份的计算结果为空白。
资料来源：UN Comtrade。

三、国际市场占有率分析

国际市场占有率（MOR）指的是一个国家的出口占世界总出口的比重。MOR 指数能最简单地反映一国某商品在国际市场上的竞争力。某一国家的某个产品的国际市场占有率越高，反映出这个国家该商品在国际市场上竞争力越强。其计算公式是：

$$MOR_{ak} = X_{ak}/X_{wk} \qquad (4-3)$$

其中，X_{ak} 是 a 国 k 商品的出口额，X_{wk} 是世界 k 商品的总出口额。

（一）细分国家层面的分析

2009 ~ 2018 年，中国在农产品国际市场上的占有率持续增加，由 2009 年的 8.83% 上升到 2018 年的 12.12%，增幅达到 37.21%，在国际农产品市场占据重要地位。阿根廷在农产品国际市场上的占有率呈现先上升后下降的趋势，2012 年达到巅峰。智利农产品在国际市场上的占有率十年间保持稳定，平均值为 1.10%。在世界市场上，墨西哥和秘鲁农产品占有率趋势相同，都是波动上升，墨西哥 2018 年农产品国际市场占有率为 2.29%，是 2009 年的 1.46 倍；而秘鲁的国际市场占有率由 2009 年的 0.47% 上升到 2018 年的 0.67%，增幅达到 44.13%。巴西农产品在国际市场占有率波动明显，2012 年前一直呈上升趋势，2012 ~ 2016 年下降至 4.87%，2018 年回升到 5.54%。

表 4 – 8　　　2009 ~ 2018 年中国与拉美国家农产品国际市场占有率　　单位：%

年份	阿根廷	智利	墨西哥	秘鲁	巴西	中国
2009	2.69	1.11	1.56	0.47	5.27	8.83
2010	2.86	1.03	1.53	0.49	5.31	9.29
2011	2.97	1.00	1.50	0.54	5.52	9.71
2012	3.12	1.11	1.70	0.58	6.15	9.38
2013	2.72	1.07	1.60	0.48	5.63	8.45
2014	2.37	1.10	1.63	0.52	5.19	10.08
2015	2.39	1.09	1.88	0.54	5.16	10.45

续表

年份	阿根廷	智利	墨西哥	秘鲁	巴西	中国
2016	2.52	1.13	2.00	0.55	4.87	11.22
2017	2.24	1.09	2.07	0.57	5.12	11.16
2018	2.27	1.24	2.29	0.67	5.54	12.12

资料来源：UN Comtrade。

（二）细分产品层面的分析

中国在第 50 章（蚕丝）农产品上国际竞争力极强，占据该类农产品在世界上超五成的出口额；多类农产品在国际市场出口额超过 10%，主要集中在第 11 章纺织原料及纺织制品上。阿根廷农产品优势主要集中在第 23 章和第 10 章农产品上，国际市场占有率分别为 12.99% 和 7.52%。智利在第 8 章食用水果类农产品上具有较强的竞争优势，出口额占该类农产品世界总出口的 6.3%。墨西哥对世界主要出口第 7 章食用蔬菜类农产品。秘鲁各类农产品在国际市场的占有率均不高，绝大多数农产品国际市场占有率低于 1%，主要出口第 14 章编结用植物材料。巴西农产品在国际市场出口较多，优势农产品主要集中在第 9 章和第 12 章、第 17 章农产品上，第 12 章出口额占该类农产品世界总出口额的 35.21%。

表 4-9　　　**2018 年中国与拉美国家细分农产品的国际市场占有率**　　单位：%

分类（章）	阿根廷	智利	墨西哥	秘鲁	巴西	中国
1	0.18	0.04	3.67	0.03	3.00	2.62
2	2.03	0.78	1.51	0.00	10.65	0.69
3	1.92	5.38	1.03	0.87	0.23	12.06
4	1.16	0.18	0.52	0.14	0.27	0.68
5	0.66	0.42	0.44	0.05	5.64	22.82
6	0.01	0.26	0.39	0.09	0.06	1.81
7	1.02	0.20	11.79	1.07	0.19	17.65
8	1.00	6.30	6.44	3.05	0.89	5.25
9	0.51	0.02	1.31	2.17	12.56	8.78

续表

分类（章）	阿根廷	智利	墨西哥	秘鲁	巴西	中国
10	7.52	0.10	0.58	0.15	4.61	0.95
11	2.59	0.79	1.50	0.17	0.49	4.44
12	1.87	0.45	0.21	0.17	35.21	2.85
13	0.08	1.46	1.90	0.22	1.78	20.31
14	0.00	3.30	6.69	5.39	1.67	16.37
15	4.75	0.32	0.43	0.55	1.68	1.31
16	0.25	0.89	0.44	0.74	2.07	20.73
17	0.32	0.08	4.40	0.10	18.13	4.97
18	0.22	0.05	1.39	0.57	0.77	0.85
19	0.33	0.24	2.78	0.21	0.28	2.73
20	1.98	1.08	2.76	0.97	4.16	13.31
21	0.21	0.40	1.46	0.10	1.45	4.96
22	0.82	1.78	5.89	0.11	0.91	2.07
23	12.99	0.60	0.43	2.44	9.46	4.11
24	0.59	0.21	0.58	0.01	4.78	3.38
50	0.00	0.00	0.09	0.02	1.56	52.74
51	1.69	0.34	0.32	1.61	0.23	17.25
52	0.31	0.03	0.62	0.07	3.10	27.52
53	0.00	0.02	0.02	0.00	1.36	36.31

资料来源：UN Comtrade。

四、出口相似度分析

出口相似度可以测量两国在世界市场上出口产品结构的相似性程度，其计算公式为：

$$ESI = \left[\sum_i \min\left(\frac{X_{ic}^k}{X_{ic}}, \frac{X_{jc}^k}{X_{jc}} \right) \right] \times 100 \qquad (4-4)$$

其中，X_{ic}^k 和 X_{jc}^k 分别为 i 国、j 国在共同的出口市场（c）上 k 产品的出口额，X_{ic} 和 X_{jc} 分别为 i 国、j 国对 c 的总出口额。该指数的变动范围介于 $0 \sim$ 100 之间。

若 $ESI = 0$，表示 i 国、j 国对 c 的出口商品结构完全不同；ESI 越接近 100，两国出口商品结构越相似，在出口市场的贸易竞争越激烈。一般认为，若 ESI 值大于 50，则两国产品出口结构一致性强，竞争明显（杜莉等，2011）。

由表 4-10 可知，中国与智利、秘鲁、墨西哥的农产品出口相似度指数较大，明显高于阿根廷、巴西两国，说明中国与智利、秘鲁、墨西哥在国际农产品市场上出口竞争性较强。2009~2018 年，中国与智利农产品出口相似度指数波动性下降，表明中国与智利的农产品出口竞争趋向温和。中国与阿根廷出口相似度先上升后下降，始终保持在较低的水平。相较于拉美其他国家，中国与秘鲁出口相似度最大，在 50 上下浮动，表明中国与秘鲁两国农产品在世界出口市场上竞争较为激烈。中巴两国农产品在国际市场上的出口相似度十年间波动下降，长期处于较低水平，意味着中国与巴西的出口竞争长期温和。中国与墨西哥农产品出口相似度指数长期在 44 徘徊，说明中国与墨西哥存在较为明显的出口竞争。

表 4-10　　　　　　　中国与拉美国家农产品出口相似度指数

年份	智利	阿根廷	秘鲁	巴西	墨西哥
2009	45.78	32.77	49.28	32.54	44.74
2010	43.45	29.85	47.76	29.64	44.72
2011	43.63	27.86	46.45	28.29	45.13
2012	45.11	28.51	49.89	29.71	42.72
2013	43.74	27.37	53.93	27.47	42.65
2014	44.19	29.08	52.34	28.8	42.56
2015	45.6	28.29	51.53	28.57	44.43
2016	43.94	29.57	51.79	28.87	44.7
2017	42.82	30.36	49.11	27.64	45.91
2018	41.19	31.89	48.95	28.49	45.03

第五节　中国与拉美五国农产品互补性分析

一、产业内贸易指数分析

产业内贸易是指两个国家在某一产业或某种产品上既具有进口又具有出口的行为。产业内贸易指数的计算公式为：

$$GL_{ac} = 1 - \frac{|X_{ac} - M_{ac}|}{X_{ac} + M_{ac}} \qquad (4-5)$$

其中，X_{ac} 即国家 a 对国家 c 的出口额；M_{ac} 即国家 a 向国家 c 的进口额。

当 $0 < GL < 0.5$ 时，两国在某一产业或者某种产品上以产业间贸易为主；当 $0.5 < GL < 1$ 时，两国在某一产业或者某种产品上以产业内贸易为主。

（一）细分国家层面的分析

中国与拉美各国之间的农产品产业内贸易水平变化趋势不同。中国与阿根廷的农产品贸易一直以产业间贸易为主，而且产业间贸易水平始终保持在较高水准。中国与巴西两国之间以产业间贸易为主，接近完全的产业间贸易。2009～2018 年，产业间贸易占据中国与智利农产品贸易的主导地位。中国与墨西哥的农产品贸易波动明显，总体以产业间贸易为主；2012 年，中国与墨西哥产业间和产业内贸易各占一半；2018 年，中墨两国转向以产业内贸易为主。中国与秘鲁之间的农产品贸易历年以产业间贸易为主（见表 4－11）。

表 4－11　　　　　　2009～2018 年中国与拉美国家农产品 GL 指数

年份	阿根廷	巴西	智利	墨西哥	秘鲁
2009	0.03	0.07	0.22	0.26	0.11
2010	0.03	0.14	0.31	0.31	0.12
2011	0.04	0.12	0.36	0.46	0.12
2012	0.04	0.09	0.29	0.51	0.13

续表

年份	阿根廷	巴西	智利	墨西哥	秘鲁
2013	0.03	0.09	0.3	0.44	0.14
2014	0.04	0.07	0.31	0.39	0.12
2015	0.05	0.07	0.31	0.38	0.13
2016	0.04	0.07	0.27	0.35	0.18
2017	0.05	0.05	0.27	0.48	0.13
2018	0.06	0.03	0.2	0.73	0.13

（二）细分产品层面的分析

中国与智利农产品贸易以产业间贸易为主，第 5 章、第 15 章、第 20 章农产品由产业间贸易转为产业内贸易，第 10 章（谷物）和第 11 章（制粉工业用品；麦芽；淀粉；菊粉；面筋）农产品由产业内贸易转向产业间贸易。中国与阿根廷产业间贸易水平较高，平均 GL 指数为 0.13，仅有第 6 章和第 23 章农产品从 2009 年的产业间贸易转向产业内贸易。中国与秘鲁农产品贸易以产业间贸易为主，仅有第 5 章其他动物产品属于产业内贸易。中国与巴西由 2009 年共八章农产品属于产业内贸易，减少到 2018 年的六章农产品，第 8 章食用水果类和第 51 章动物毛及机织物类农产品产业内贸易指数上升明显，分别上升至 0.94 和 0.98，对于第 9 章（咖啡、茶、马黛茶及调味香料）农产品，GL 指数由 0.64 下降至 0.33，由产业内贸易转变为产业间贸易。中国与墨西哥农产品产业内贸易水平明显提高，共有六类农产品由 2009 年的产业间贸易变为 2018 年的产业内贸易，且水平较高，但对于第 14 章其他类植物产品由产业内贸易转变为产业间贸易。

表 4－12　　　　2009 年、2018 年中国与拉美五国细分农产品 GL 指数

分类（章）	智利		阿根廷		秘鲁		巴西		墨西哥	
	2009 年	2018 年	2009 年	2018 年	2009 年	2018 年	2009 年	2018 年	2009 年	2018 年
1	0.00	—	0.00	0.00	—	0.00	0.00	0.00	0.00	0.00
2	0.00	0.00	0.00	0.00	—	—	0.00	0.00	0.00	0.00

续表

分类 （章）	智利		阿根廷		秘鲁		巴西		墨西哥	
	2009 年	2018 年	2009 年	2018 年	2009 年	2018 年	2009 年	2018 年	2009 年	2018 年
3	0.03	0.12	0.00	0.00	0.02	0.36	0.04	0.30	0.36	0.87
4	—	0.00	0.04	0.01	—	—	0.17	0.01	0.95	0.59
5	0.30	0.92	0.01	0.29	0.00	0.74	0.02	0.01	0.10	0.48
6	0.04	0.06	0.00	0.69	0.00	0.00	0.92	0.30	0.00	0.97
7	0.00	0.41	0.04	0.00	0.00	0.01	0.00	0.00	0.00	0.24
8	0.01	0.08	0.00	0.04	0.00	0.01	0.52	0.94	0.48	0.16
9	0.00	0.00	0.39	0.31	0.66	0.41	0.64	0.33	0.00	0.00
10	0.63	0.12	0.00	0.00	0.00	0.00	0.00	0.01	0.00	0.01
11	0.93	0.29	0.31	0.00	0.00	0.21	0.36	0.40	0.00	0.73
12	0.03	0.05	0.00	0.00	0.00	0.01	0.00	0.00	0.05	0.45
13	0.87	0.84	0.00	0.00	0.16	0.10	0.63	0.63	0.18	0.36
14	0.30	0.10	0.00	0.00	0.01	0.00	0.00	0.06	0.72	0.08
15	0.01	0.96	0.00	0.00	0.01	0.05	0.01	0.01	0.26	0.87
16	0.61	0.08	0.00	0.15	0.09	0.17	0.02	0.00	0.02	0.00
17	0.05	0.53	0.34	0.11	0.00	0.00	0.03	0.08	0.01	0.06
18	0.00	0.00	0.87	0.32	0.00	0.02	0.26	0.49	0.01	0.65
19	0.00	0.35	0.06	0.08	0.02	0.24	0.22	0.03	0.01	0.57
20	0.19	0.70	0.81	0.49	0.00	0.34	0.29	0.34	0.06	0.16
21	0.00	0.02	0.11	0.01	0.04	0.07	0.88	0.66	0.21	0.29
22	0.05	0.06	0.00	0.02	0.00	0.32	0.32	0.55	0.02	0.01
23	0.01	0.37	0.27	0.86	0.01	0.01	0.21	0.46	0.41	0.41
24	0.00	0.00	0.00	0.00	0.00	0.00	0.00	0.00	—	0.00
50	0.00	0.00	0.00	0.00	0.00	0.00	0.04	0.15	0.00	0.01
51	0.29	0.07	0.04	0.00	0.05	0.02	0.56	0.98	0.05	0.04
52	0.00	0.00	0.00	0.29	0.09	0.05	0.92	0.35	0.31	0.23
53	0.00	0.00	0.00	0.03	0.00	0.00	0.65	0.95	0.05	0.23

注："—"表示由于贸易数据为 0，无法进行 GL 指数的计算，因而个别年份的计算结果为空白。
资料来源：UN Comtrade。

二、贸易互补性指数分析

贸易互补性指数（C）是衡量一个国家产品的进口或者出口与目标国家是否一致的指标，计算公式为：

$$C_{ijk} = RCA_{xai} \times RCA_{mbi} \qquad (4-6)$$

其中，RCA_{xai} 表示 a 国在 i 产品上具有的比较优势；RCA_{mbi} 表示 b 国家在 j 产品上具备的比较劣势。

当 C 大于 1 时，表示两国产品的互补性强，C 小于 1 时，表示两国产品的互补性弱。

（一）细分国家层面的分析

根据中国出口拉美五国的农产品贸易互补性指数 2009 ~ 2018 年期间均大于 1。具体来说：中国出口智利的贸易互补性指数先上升，在达到 2015 年的峰值 6.00 后逐渐下降，稳定在 5.40 左右。中国出口阿根廷农产品贸易互补性指数在 2011 年跌至 1.78，而后持续上升，2009 ~ 2018 年总体增幅为 56%。2009 ~ 2018 年中国出口秘鲁的农产品互补性长期保持稳定，平均值为 7.33。近 10 年来，中国对巴西出口贸易互补性指数出现波动，总体呈上升趋势。中国出口墨西哥互补性指数大幅波动，2016 年后互补指数大幅回落。表 4 - 13 显示，中国对拉美五国农产品出口互补性强，中国农产品出口结构与拉美五国进口结构非常一致。此外，我国不同拉美国家出口贸易互补性指数走势也存在国家差异。

表 4 - 13　　　　　　中国出口拉美国家的农产品贸易 C 指数

年份	智利	阿根廷	秘鲁	巴西	墨西哥
2009	4.46	2.56	7.02	3.29	10.79
2010	4.78	2.04	7.45	3.27	11.68
2011	4.69	1.78	7.06	3.34	10.63
2012	5.23	2.05	7.67	3.58	11.85
2013	5.30	1.82	7.32	3.47	11.65
2014	5.86	1.93	7.83	3.57	12.34

续表

年份	智利	阿根廷	秘鲁	巴西	墨西哥
2015	6.00	1.97	7.78	3.51	12.16
2016	5.42	2.28	7.03	4.38	7.91
2017	5.43	2.45	7.12	3.99	8.31
2018	5.44	3.99	6.97	3.38	9.37

资料来源：UN Comtrade。

根据拉美主要国家出口中国的农产品贸易互补性指数看（见表 4 - 14），智利出口中国的贸易互补性指数十年间波动上升，由 2009 年的 1.48 上升至 2018 年的 2.31，增幅为 56%。阿根廷农产品出口与中国农产品进口一致性较高，始终高于拉美其他国家，呈现阶梯式上升。秘鲁与巴西出口中国农产品贸易互补性指数变化趋势基本相同，先上升在 2015 年达到峰值，而后下降。墨西哥出口中国的贸易互补性指数一直低于 1.00，说明两国农产品贸易结构不一致，十年间两国农产品贸易互补性增加。整体上来看，拉美五国出口中国农产品贸易互补性指数变化存在国别差异，除墨西哥外，其他拉美国家农产品出口与中国农产品进口重合度高。

表 4 - 14　　　　　　拉美国家出口中国的农产品贸易 C 指数

年份	智利	阿根廷	秘鲁	巴西	墨西哥
2009	1.48	3.57	1.29	2.54	0.50
2010	1.42	4.12	1.35	2.58	0.50
2011	1.47	4.27	1.38	2.57	0.51
2012	1.77	4.88	1.56	3.17	0.57
2013	1.86	4.78	1.49	3.11	0.56
2014	2.01	4.76	1.86	3.16	0.56
2015	2.28	5.46	2.07	3.50	0.64
2016	2.29	5.37	1.86	3.24	0.66
2017	2.17	5.23	1.76	3.21	0.69
2018	2.31	5.18	1.96	3.24	0.71

资料来源：UN Comtrade。

（二）细分产品层面的分析

在中国出口拉美五国的农产品贸易上，中国与智利在第 5 章、第 13 章、第 16 章、第 20 章农产品上贸易互补性较强。中国出口的第 5 章农产品正是阿根廷需要大量进口的农产品。中国出口到秘鲁的共二十八章农产品中，共有八章农产品与秘鲁互补性较强，尤其在第 14 章（编结用植物材料；其他植物产品）农产品上互补性高达 6.62。中国与巴西共有五章农产品互补性较强，其中第 13 章农产品贸易互补性最强，贸易互补性指数为 2.71。中国与墨西哥在第 5 章、第 13 章、第 52 章、第 53 章农产品上贸易互补性较强。因此中国出口拉美五国的农产品贸易互补性指数存在农产品种类差异，中国出口拉美贸易互补性较强的农产品主要集中在纺织原料及纺织制品上（见表 4 – 15）。

表 4 – 15　　　　　2018 年中国出口拉美国家细分农产品的 C 指数

分类（章）	智利	阿根廷	秘鲁	巴西	墨西哥
1	0.04	0.05	0.07	0.01	0.06
2	0.16	0.02	0.03	0.01	0.07
3	0.13	0.15	0.71	0.91	0.20
4	0.05	0.00	0.07	0.03	0.04
5	2.52	1.60	2.33	4.26	1.78
6	0.06	0.02	0.12	0.03	0.03
7	0.42	0.15	0.63	0.70	0.35
8	0.16	0.24	0.14	0.17	0.12
9	0.42	0.40	0.22	0.14	0.16
10	0.14	0.01	0.42	0.14	0.13
11	0.61	0.12	0.48	1.01	0.45
12	0.09	1.49	0.18	0.06	0.28
13	1.27	3.76	1.30	2.71	1.16
14	0.13	1.92	6.62	0.23	0.36
15	0.18	0.03	0.22	0.12	0.05
16	1.85	1.40	1.23	0.24	0.64

续表

分类（章）	智利	阿根廷	秘鲁	巴西	墨西哥
17	0.66	0.13	0.73	0.07	0.33
18	0.05	0.07	0.03	0.05	0.03
19	0.15	0.04	0.19	0.07	0.08
20	1.06	0.68	0.63	0.86	0.47
21	0.55	0.31	0.69	0.20	0.29
22	0.14	0.05	0.11	0.17	0.06
23	0.95	0.07	1.29	0.12	0.25
24	0.05	0.08	0.06	0.03	0.03
50	0.30	0.56	2.99	2.66	0.28
51	0.23	0.07	1.51	0.10	0.32
52	0.71	1.34	7.34	0.94	2.02
53	0.66	1.72	0.36	1.84	1.09

资料来源：UN Comtrade。

就拉美农产品出口中国的角度看（见表4－16），智利出口中国所有农产品中，共有九章农产品互补性较高，其中第3章农产品互补性指数达到10.44，说明此章农产品正是中国需要大量进口的农产品。阿根廷出口与中国进口农产品结构高度一致，甚至五章农产品互补性指数超过10。中国与秘鲁在多样农产品上的出口互补性都较强，第14章农产品是秘鲁出口与中国互补性最强的农产品。巴西与中国共十一章农产品上互补性很强，在第12章油料作物上互补性指数高达97.82。墨西哥出口的农产品仅第7章、第8章、第14章、第22章是中国大量进口的农产品。总体而言，第12章和第14章农产品是拉美五国出口中国的农产品中贸易互补性最好。

表4－16　　　　　2018年拉美国家出口中国细分农产品的C指数

分类（章）	智利	阿根廷	秘鲁	巴西	墨西哥
1	0.02	0.09	0.02	0.36	0.24
2	1.55	4.98	0.01	6.71	0.51

续表

分类（章）	智利	阿根廷	秘鲁	巴西	墨西哥
3	10.44	4.58	2.68	0.14	0.33
4	0.25	2.02	0.32	0.12	0.12
5	0.64	1.23	0.12	2.70	0.11
6	0.08	0.00	0.04	0.01	0.02
7	0.11	0.72	0.98	0.03	1.14
8	7.83	1.53	5.98	0.35	1.34
9	0.01	0.16	0.86	1.00	0.06
10	0.12	10.84	0.28	1.71	0.11
11	1.02	4.09	0.34	0.20	0.32
12	3.96	20.20	2.34	97.82	0.30
13	1.21	0.08	0.29	0.47	0.27
14	7.53	0.00	19.42	1.20	2.56
15	0.64	11.55	1.71	1.05	0.14
16	0.15	0.05	0.20	0.11	0.01
17	0.06	0.30	0.12	4.32	0.56
18	0.02	0.09	0.31	0.08	0.08
19	0.47	0.79	0.66	0.17	0.91
20	0.52	1.15	0.73	0.62	0.22
21	0.38	0.24	0.15	0.43	0.23
22	1.96	1.10	0.18	0.32	1.08
23	0.62	16.60	4.01	3.10	0.07
24	0.18	0.61	0.01	1.27	0.08
50	0.00	0.00	0.02	0.34	0.01
51	2.22	13.61	16.69	0.48	0.35
52	0.14	1.94	0.54	4.89	0.52
53	0.10	0.00	0.02	1.97	0.02

资料来源：UN Comtrade。

第六节　中国与拉美五国农产品贸易前景分析

中国对拉美农产品贸易发展面临诸多机遇和不确定性。展望中拉农产品贸易的未来，分析其影响因素和贸易增长潜力是十分重要和必要的。

一、中国与拉美农产品贸易的影响因素

中拉经贸交往日益密切，农产品贸易发展迅速，从当前形势看，中拉农产品贸易将继续扩大。以下因素将对中拉农产品贸易的进一步发展产生重大影响。

（一）中美贸易摩擦有利于中拉农产品贸易的发展

中美贸易摩擦直接导致中美贸易关税大幅增加，贸易成本激增，削弱美国农产品在中国市场的竞争力，打破中国农产品进口的原有格局。拉美地区作为中国农产品进口的主要来源地之一，中国和拉美农产品贸易前景良好，拉美农产品有能力取代美国农产品进入中国市场。现阶段，中美贸易摩擦趋于缓和，但中国将深化与拉美国家的农业合作。

（二）《美墨加协定》带来短期冲击

2018 年 11 月 30 日生效的《美墨加协定》（USMCA）取代了 1994 年生效的《北美自由贸易协定》。USMCA 是美国签署的最大的贸易协定，新协定对非市场经济国家具有明显的针对性和排他性。USMCA 第 32 条规定，任何一方与非市场经济国家签订自由贸易协定时，应允许另一方在提前 6 个月通知后终止本协定，并以双方之间的协定（即双边协定）取代。也就是说，一方开始与"非市场国家"进行贸易谈判，如谈判结果包含其他方不希望看到的内容，则允许其他方终止并取代美墨贸易协定的相关条款。基于这一规定，中加自贸区未来的谈判进程将受到美墨贸易协定的干扰。

（三）石油价格下滑带来积极的影响

同美国、东盟等其他农产品贸易伙伴相比，中国与拉美国家的距离遥远，

运输成本较高。近年来，石油降价削减了海运成本，有利于中国与拉美农产品贸易的进一步发展。此外，拉美国家农业规模庞大，燃料在农产品生产成本中占有重要地位，油价下跌可以进一步降低生产成本，拉美农产品竞争力增加，进而对中拉农产品贸易产生有利影响。

二、中国与拉美农产品贸易的增长潜力

贸易强度指数可以用来衡量两国贸易联系的紧密程度，并进一步判断双边农产品贸易的发展潜力。该指数的公式如下：

$$TII^i_{ab} = \frac{X^i_{ab}/X^i_{aw}}{M^i_{bw}/(M^i_{ww} - M^i_{aw})} \qquad (4-7)$$

其中，X^i_{ab} 和 X^i_{aw} 分别表示 a 国 i 产品对 b 国和世界的出口额；M^i_{bw}、M^i_{aw} 和 M^i_{ww} 分别表示 a 国、b 国和世界 i 产品的进口额。当 $TII > 1$ 时，意味着 a 国对 b 国的 i 产品在本国所占出口份额大于 b 国 i 产品同期在世界市场所占进口份额，说明两国在 i 产品上的贸易联系较强；反之，则贸易联系松散。

由表 4-17 可知，中国对拉美国家农产品出口贸易联系不强。2009~2018 年，中国对智利农产品出口贸易强度指数波动上升，两国贸易联系有所加强。中国对阿根廷两国贸易强度波动明显，在 2011 年达到峰值 0.95，但是始终低于 1，说明中国对阿出口贸易联系较弱。中国与墨西哥和秘鲁两国贸易强度长期维持在较低水平，中国对这两国的农产品出口水平均低于同时期他们从世界市场的进口份额，贸易联系较弱。中国出口巴西贸易强度指数先上升，在 2010 年达到最大值 1.49，之后一直下降，贸易联系减弱。

表 4-17　　　　　　　中国对拉美农产品出口贸易强度指数

年份	智利	阿根廷	秘鲁	巴西	墨西哥
2009	0.54	0.65	0.35	0.84	0.51
2010	0.54	0.93	0.38	1.49	0.52
2011	0.67	0.95	0.34	1.44	0.58
2012	0.55	0.79	0.31	1.28	0.48

年份	智利	阿根廷	秘鲁	巴西	墨西哥
2013	0.62	0.67	0.30	1.36	0.51
2014	0.70	0.72	0.28	1.07	0.51
2015	0.82	0.95	0.31	1.03	0.51
2016	0.86	0.57	0.32	0.94	0.53
2017	0.76	0.44	0.34	0.89	0.56
2018	0.70	0.22	0.33	0.69	0.60

资料来源：UN Comtrade。

拉美国家对中国的农产品出口贸易联系程度高于中国出口拉美国家的水平。具体来看，巴西出口中国农产品贸易强度是拉美地区最高水平，2018 年高达 6.98，是 2009 年的 2.6 倍。智利对中国贸易联系逐年加强，在 2016 年达到最大值 3.29。阿根廷与中国贸易强度波动明显，在 1.26 ~ 3.29 区间内上下浮动，贸易联系较强。2009 ~ 2018 年，秘鲁与中国贸易联系仍较弱（见表 4 - 18）。

表 4 - 18　　　　　　拉美对中国农产品出口贸易强度指数

年份	智利	阿根廷	秘鲁	巴西	墨西哥
2009	0.97	2.17	3.23	2.67	0.08
2010	0.71	2.29	2.77	2.39	0.08
2011	0.79	1.85	2.53	2.77	0.11
2012	0.83	1.26	1.9	2.49	0.12
2013	1.29	1.43	1.99	3	0.3
2014	2.22	2.72	1.65	5.84	0.41
2015	2.47	3.29	1.81	6.07	0.41
2016	3.29	2.63	1.43	6.4	0.4
2017	2.83	2.42	2.05	6.98	0.41

资料来源：UN Comtrade。

近年来，中国和拉美国家农产品出口保持较快增长，双方在优势农产品种类上差异明显。但由于中拉贸易规模较小，无法充分发挥较高的贸易互补性，农产品贸易存在很大的潜力。

第七节　中国与拉美发展农产品贸易的对策

在中国与拉美的农产品贸易中，中方长期处于逆差，而且贸易逆差持续加大，对中国农业发展不利。中拉经济合作的进一步扩大对中国与拉美农产品贸易产生有利的影响，但需要适当的政策调整，使得双方都能在贸易中获利。

第一，坚持与更广泛国家开展双边、区域自由贸易协定谈判，推进中拉区域经济一体化。受到《美加墨协定》影响，中国与墨西哥组建自贸区的可能性不大，应基于现有的中国–秘鲁、中国–哥斯达黎加和中国–智利自贸区，持续推进农产品领域的合作，最大限度减少美国对中国和拉美经贸合作的干扰。双边自贸区方面，中国应加快与巴拿马的自贸区谈判，争取早期达成协议。积极推进中国与墨西哥自贸区研究进程，加快中国与秘鲁自贸区升级改造。

第二，采取差异化的贸易战略，制定不同的贸易举措。中国和拉美国家农产品竞争力弱，互补性强，应调整农产品进出口结构，充分发挥中国的劳动力资源优势和拉美国家的土地资源优势。扩大中国对棉花等农产品出口，扩大对拉美的大豆、油料等农产品进口。通过差异化战略，既可以弥补我国农产品数量的不足，又可以控制我国农产品贸易逆差的扩大。

第三，调整中国农业结构。拉美国家农产品的整体竞争力较强，为了减少对中国农业的影响，政府应根据具体的不利影响调整种植结构，减少与拉美国家相比处于竞争劣势的农产品的种植，扩大种植在拉美畅销的农产品；引进新品种，提高农产品质量，避免恶性竞争。

第二篇

国别视角

第五章

中国与巴西农产品的国际竞争力对比[*]

2011 年 4 月，中国和巴西两国元首发表联合公报，并签署了 20 多项合作协议，其中，农业已成为重要的合作领域。巴西是全球第四大农产品出口国，产品销往 180 多个国家和地区，牛肉、大豆、咖啡、橙汁、糖和鸡肉等农产品的出口量居于世界首位。那么，作为全球第五大农产品出口国，中国与巴西在农产品贸易领域的竞争状况如何；从不同的市场层面看，两国农产品是竞争性多还是互补性强；更进一步，今后两国农产品贸易该往何处走。对这些问题的回答就成为本研究的主旨。

从研究的对象来看，部分学者对中巴两国的农产品贸易进行了研究。例如，刘李峰和武拉平（2007）通过产业内贸易指数、产品集中度指数、贸易专业化指数分析了中巴两国农产品的贸易关系，指出两国农产品贸易具有产业内贸易程度低、产品集中度高、优势产品增长潜力巨大等特点；靖飞（2009）则通过分析两国的农产品贸易结构、贸易集中度、产业内贸易和贸易优势等，得出了类似的结论。

---

* 本章的主要内容已发表，见：宋海英，孙林. 中国与巴西农产品的竞争绩效 [J]. 华南农业大学学报（社会科学版），2012（1）：14－21。

耿晔强（2009）运用市场占有率和排名、贸易强度指数、贸易相似度指数对巴西农产品在中国市场的表现进行了分析，发现巴西农产品相对优势明显、中巴农产品贸易互补性强、两国农产品以产业间贸易为主。范婕（2010）通过测算出口依存度、比较优势、贸易互补性等，剖析了中巴两国农产品贸易的潜力，结果显示：中巴优势农产品差异明显，双边贸易结构具有一定互补性。

黄斌全和熊启泉（2011）则专门从巴西大豆对中国的出口潜力、定价能力和政策动向3个方面分析了在跨国粮商控制下的中国大豆进口市场上，巴西与美国之间的竞争关系。研究表明：长期内巴西对中国出口的大豆数量将替代美国，短期内巴西出口旺季垄断能力强且旺季持续时间将延长。

总体上，已有的研究运用各类指标对中巴两国的农产品贸易竞争状况进行了测度。但深入分析发现，多数研究分析的重点在于巴西农产品在中国市场的竞争力，而对中国农产品在巴西市场的竞争力，特别是中巴两国农产品在第三方市场的竞争状况却涉及较少。而作为两个发展中的农业大国，充分掌握双方农产品在世界市场、本土市场及第三方市场的竞争状况，对于全面评价两国农产品的竞争力极为重要。因此，本研究重点选用市场份额和显示性比较优势指数两个指标，分别从世界市场、本土市场和第三方市场三个层面，系统地分析中巴两国农产品的竞争状况，力争为两国农产品贸易合作策略的选择提供依据。

第一节　国际竞争力的测度方法

笔者选用市场份额和显示性比较优势指数作为评价中巴两国农产品竞争绩效的指标，市场份额的计算公式如下：

$$市场份额 = \frac{某具体农产品或某类农产品或所有农产品出口额}{对应的市场出口总额} \times 100\%$$

$$(5-1)$$

为了进一步分析具体农产品的国际竞争力状况，选取显示性比较优势指数加以测算，公式如下：

$$RCA_{ij} = (X_{ij}/X_{it})/(X_{wj}/X_{wt}) \qquad (5-2)$$

其中，RCA_{ij} 表示 i 国 j 产品的显示性比较优势，X_{ij} 表示 i 国 j 产品的出口额，X_{it} 表示 i 国 t 时期的出口总额，X_{wj} 表示世界市场上 j 产品的出口总额，X_{wt} 表示世界市场上 t 时期的出口总额。

农产品的范围采用 WTO 农业协议中农产品的口径加上水产品，产品分类以海关协调编码制度（HS）的编码方法为准，主要采用 HS2002 的商品分类方法得出的数据①。数据主要来源于联合国统计署的 UN Comtrade 数据库和商务部中国农产品进出口月度统计报告。

第二节　中国与巴西农产品在世界市场的竞争力

从总量上看，中巴两国农产品在世界市场的份额大体上都呈逐渐提高的趋势。具体来看，尽管在中国加入 WTO 初期，中巴两国农产品占世界市场的份额大体相当，但随着时间的推移，巴西份额提高的速度明显快于中国，到 2010 年，巴西农产品占世界市场的份额达到 7.56%，而中国所占的份额仅为 5.80%（见图 5-1）。

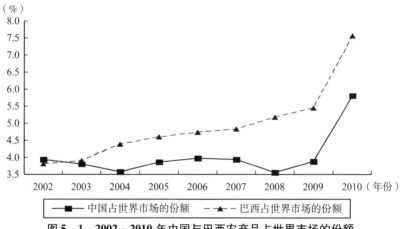

图 5-1　2002~2010 年中国与巴西农产品占世界市场的份额

注：查资料的时间为 2011 年 5 月，因部分国家 2010 年的数据未上传，导致 2010 年的结果有虚高的可能性，但大体趋势不会发生变化。

资料来源：笔者 UN Comtrade 数据库相关数据整理而得。

---

① 农产品的范围包括 HS 编码中前二十四章产品及第 33、第 35、第 38、第 41、第 43、第 50、第 51、第 52、第 53 章中的部分产品，具体参见陈志钢、宋海英等：《中国农产品贸易与 SPS 措施：贸易模式、影响程度及应对策略分析》，浙江大学出版社 2011 年版，第 32、第 33 页。

从具体产品来看，中巴两国农产品在世界市场上的竞争呈现相互交错的态势。中国在世界市场上占份额比较高的产品主要有第 3 章、第 5 章、第 7 章、第 13 章、第 14 章、第 16 章、第 20 章农产品，而巴西在世界市场上占份额比较高的产品主要是第 2 章、第 9 章、第 12 章、第 17 章、第 23 章、第 24 章农产品（见表 5 - 1）。可见，中国的优势农产品主要体现在鱼、甲壳动物、软体动物及其他水生无脊椎动物，其他动物产品，食用蔬菜、根及块茎，虫胶，树胶、树脂及其他植物液、汁，编结用植物材料，其他植物产品，肉、鱼、甲壳动物、软体动物及其他水生无脊椎动物的制品，蔬菜、水果、坚果或植物其他部分的制品等；而巴西的优势农产品主要是肉及食用杂碎，咖啡、茶、马黛茶及调味香料，含油子仁及果实，杂项子仁及果实，工业用或药用植物，动、植物蜡，糖及糖食，食品工业的残渣及废料，配制的动物饲料，烟草、烟草及烟草代用品的制品等①。两国的优势农产品在类型上并没有重叠，表明中国和巴西的农产品在世界市场上互补性比竞争性更加明显。

表 5 - 1　　2007 ~ 2010 年中国与巴西农产品在世界市场上的市场份额　　单位：%

HS 码（章）	中国				巴西			
	2007 年	2008 年	2009 年	2010 年	2007 年	2008 年	2009 年	2010 年
2	0.94	0.82	0.88	1.38	12.32	12.62	11.37	16.44
3	7.56	7.88	10.64	16.73	0.45	0.36	0.26	0.38
5	19.00	19.49	19.32	25.64	4.82	5.43	6.21	8.49
7	9.41	8.89	10.48	20.37	0.12	0.05	0.08	0.05
9	4.34	4.40	4.97	6.78	14.37	14.63	14.09	22.08
12	3.87	3.22	3.18	3.72	16.22	17.50	19.96	20.30
13	5.75	9.71	11.88	18.12	1.44	1.55	1.45	2.22
14	10.24	11.33	9.96	11.89	0.40	1.35	1.25	2.50
16	18.21	16.07	13.77	20.67	4.78	5.50	4.94	5.17
17	2.03	2.21	2.38	2.98	18.93	18.62	26.41	36.37
20	12.39	11.88	10.85	16.14	5.63	4.61	4.20	5.81

---

① 为便于行文，后文将概括表述分类。

HS 码（章）	中国				巴西			
	2007 年	2008 年	2009 年	2010 年	2007 年	2008 年	2009 年	2010 年
23	2.57	3.11	3.52	5.43	8.17	9.00	9.73	14.01
24	2.22	2.27	2.63	4.52	7.85	8.42	9.11	12.23

注：受篇幅所限，中巴双方农产品市场份额均低于 10% 的结果全部隐去（下同），感兴趣的读者可向笔者索取。

资料来源：笔者 UN Comtrade 数据库相关数据整理而得。

第三节　中国与巴西农产品在本土市场的竞争力

从总量上看，中巴两国农产品在对方国家市场上所占的份额都呈波浪形逐渐提高的趋势。中国农产品占巴西市场的份额从 2002 年的 0.89% 提高到 2010 年的 5.70%，而巴西农产品在中国市场所占的份额从 2002 年的 8.43% 提高到 2009 年的 14.24%（见图 5 - 2）。但在总体上，巴西农产品占中国市场的份额明显高于中国农产品在巴西市场所占的份额。

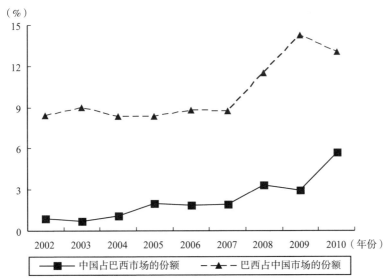

图 5 - 2　2002 ~ 2010 年中国农产品占巴西市场及巴西农产品占中国市场的份额

资料来源：笔者 UN Comtrade 数据库相关数据整理而得。

从具体产品来看，中国在巴西市场上占份额比较高的产品主要为第 3 章、第 5 章、第 7 章、第 23 章农产品，而巴西在中国市场上占份额比较高的产品主要是第 2 章、第 12 章、第 17 章、第 20 章、第 24 章农产品（见表 5 - 2）。由此可以看出，中国在巴西的优势农产品有鱼及其他水生动物、其他动物产品、蔬菜、饮料等；巴西在中国的优势农产品有肉及食用杂碎、油料、糖及糖食、蔬菜和水果、烟草及其代用品的制品等。可见，中巴两国农产品在对方国家市场上的比较优势也体现出互补的特征。需要指出的是，中国的优势农产品在巴西市场所占的份额基本上都处于逐渐提高的态势，而巴西的优势农产品在中国市场所占的份额却不稳定，呈上下波动的特征。

表 5 - 2 　　　　　　 2007～2010 年中国农产品占巴西市场及巴西
农产品占中国市场的份额 　　　　　　 单位：%

HS 码 （章）	中国				巴西			
	2007 年	2008 年	2009 年	2010 年	2007 年	2008 年	2009 年	2010 年
2	0.00	0.00	0.00	0.00	12.85	0.02	2.67	25.24
3	1.36	4.68	3.96	10.08	0.01	0.00	0.02	0.01
5	12.91	22.04	17.82	19.78	0.59	0.43	0.05	0.16
7	17.59	26.18	28.03	34.33	0.00	0.15	0.00	0.00
12	3.59	2.37	4.01	6.65	31.75	31.41	34.99	30.12
17	5.03	6.90	3.70	3.93	4.11	0.05	13.75	48.77
20	1.03	1.26	1.78	4.11	31.53	28.97	21.38	23.89
23	13.84	20.37	19.74	26.79	0.49	0.32	0.14	0.37
24	0.08	0.90	0.00	0.46	46.31	51.54	46.41	42.21

资料来源：笔者 UN Comtrade 数据库相关数据整理而得。

第四节　中国与巴西农产品在第三方市场的竞争力

除了世界市场和本土市场外，中巴两国农产品在第三方市场的竞争状况也是衡量双方贸易竞争力的重要内容。为了简便起见，选取中国农产品的重要目标市场——日本和美国，作为第三方市场的代表展开分析。

一、日本市场

从总量上看，中国农产品在日本市场所占的份额明显高于巴西，但中国所占的市场份额很不稳定，而巴西农产品在日本市场所占的份额逐年稳步提高。2002～2010 年，中国农产品在日本市场的份额平均达 13.73%，而同期巴西农产品所占的份额仅为 3.01%（见图 5 - 3）。从变动趋势上看，巴西农产品在日本市场的份额从 2002 年的 2.18% 持续提高到 2010 年的 3.98%；而中国农产品的份额却从 2006 年的 15.95% 滑落到 2008 年的 10.99%，之后缓慢提升到 2010 年的 12.99%。

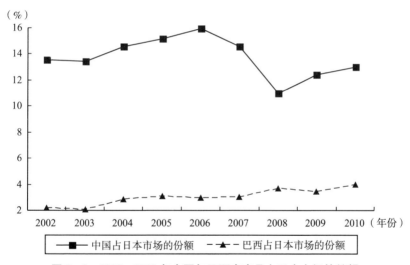

图 5 - 3　2002～2010 年中国与巴西农产品占日本市场的份额

资料来源：笔者 UN Comtrade 数据库相关数据整理而得。

从具体产品来看，在日本市场上中国有竞争优势的农产品与巴西相比也存在交叉。中国的优势产品主要是第 5 章、第 6 章、第 7 章、第 9 章、第 13 章、第 14 章、第 16 章、第 19 章、第 20 章、第 21 章、第 23 章农产品，而巴西的优势产品主要是第 2 章、第 9 章、第 22 章农产品（见表 5 - 3）。可见，在日本市场上，中国的优势农产品为其他动物产品、活树及其他活植物、蔬菜、咖啡茶及调味香料、虫胶树胶和树脂、编结用植物、肉及其他水生无脊椎动物制品、谷物及其制品、蔬菜水果和坚果、杂项食品、食品工业残渣及动物饲料等;巴西的优势农产品为肉及食用杂碎、咖啡茶及调味香料、饮料等。除了第9章农产品外,中巴两国农产品在日本市场上也呈现互补的特征。

表5-3　　　　2007~2010年中国与巴西农产品在日本市场上的市场份额　　　单位:%

HS码（章）	中国				巴西			
	2007年	2008年	2009年	2010年	2007年	2008年	2009年	2010年
2	0.04	0.02	0.02	0.02	9.39	14.87	10.52	11.79
5	35.80	31.28	32.01	32.15	3.59	3.75	3.72	4.65
6	12.69	13.69	15.22	14.61	0.27	0.23	0.19	0.15
7	58.60	54.74	55.15	57.61	0.04	0.06	0.04	0.01
9	13.26	12.25	11.55	10.51	19.80	16.73	19.59	20.34
13	14.23	15.59	15.76	15.77	0.90	0.98	0.93	0.90
14	48.69	38.94	47.00	39.92	2.09	6.30	6.36	5.69
16	57.28	45.28	45.01	47.88	0.27	0.51	0.72	0.48
19	26.51	18.00	20.01	20.40	0.25	0.38	0.32	0.25
20	42.32	39.61	39.73	42.76	6.86	5.23	4.18	4.35
21	14.50	11.63	12.64	14.39	5.51	5.47	4.92	3.94
22	2.90	1.74	2.35	2.35	6.51	4.94	9.20	10.03
23	19.04	16.61	23.33	20.22	0.05	0.04	0.88	1.02

资料来源:笔者UN Comtrade数据库相关数据整理而得。

为了进一步分析中巴两国第9章农产品(咖啡、茶、马黛茶及调味香料)在日本市场的竞争程度,用显示性比较优势指数进行测度。从计算结果来看,巴西的咖啡等产品在日本市场的竞争力明显高于中国,2002~2010年平均的显示性比较优势指数达22.79,而同期中国仅为0.77(见表5-4)。

表 5－4　　　　　　　2002～2010 年中国与巴西两国第 9 章农产品
在日本市场的显示性比较优势指数

国家	2002 年	2003 年	2004 年	2005 年	2006 年	2007 年	2008 年	2009 年	2010 年	平均
中国	0.98	0.86	1.09	0.88	0.73	0.65	0.64	0.56	0.53	0.77
巴西	16.65	20.89	19.86	25.88	28.67	26.83	21.78	24.27	20.22	22.79

注：此处显示性比较优势指数的计算选用日本市场代替原公式中的世界市场。
资料来源：笔者 UN Comtrade 数据库相关数据整理而得。

二、美国市场

从总量上看，中国农产品在美国市场所占的份额明显高于巴西，且呈现逐年提高的态势。巴西农产品在美国市场的份额不但低于中国，而且市场份额不稳定，呈现起伏波动的特点。2002～2010 年，中国农产品在美国的市场份额平均达 5.02%，而同期巴西的份额仅为 3.21%（见图 5－4）。从变动趋势上看，中国农产品在美国市场的份额从 2002 年的 3.49% 持续提高到 2010 年的 5.89%；而巴西的份额从 2002 年的 2.62% 持续提升到 2006 年的 4.11% 之后，逐渐滑落到 2009 年的 3.10%。

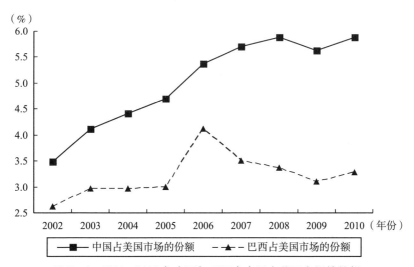

图 5－4　2002～2010 年中国与巴西农产品占美国市场的份额
资料来源：笔者 UN Comtrade 数据库相关数据整理而得。

从具体产品来看，在美国市场上中国有竞争优势的农产品与巴西有竞争优势的农产品也存在交叉。中国的优势产品主要是第3章、第5章、第12章、第13章、第14章、第16章、第20章、第23章农产品，而巴西的优势产品主要是第5章、第9章、第24章农产品（见表5-5）。可见，在美国市场上，中国的优势农产品为鱼及其他水生动物、其他动物产品、油料、虫胶树胶和树脂、编结用植物、肉及其他水生无脊椎动物制品、蔬菜水果和坚果、食品工业残渣及动物饲料；巴西的优势农产品为其他动物产品、咖啡茶及调味香料、烟草及其代用品的制品。除了第5章农产品外，中巴两国农产品在美国市场上也呈现互补的特征。

表5-5　　　2007~2010年中国与巴西农产品在美国市场上的市场份额　　　单位：%

HS码（章）	中国				巴西			
	2007年	2008年	2009年	2010年	2007年	2008年	2009年	2010年
3	14.46	15.61	15.53	16.16	1.15	0.90	0.71	0.93
5	45.60	43.18	42.15	44.49	10.77	10.48	10.56	10.60
9	2.82	2.99	2.97	3.68	15.36	15.12	17.00	19.74
12	10.70	10.55	12.21	11.15	0.29	0.28	0.21	0.19
13	12.92	12.02	14.29	13.30	1.48	2.08	1.34	1.12
14	19.20	18.52	19.61	24.54	0.00	0.00	0.04	6.03
16	12.95	12.00	12.86	14.64	9.09	7.57	7.09	2.18
20	19.14	22.17	18.14	18.94	7.72	6.38	6.42	6.26
23	15.95	15.22	18.22	21.07	1.00	1.04	0.42	0.27
24	1.35	1.04	1.03	0.85	19.76	22.53	19.77	19.38

资料来源：笔者UN Comtrade数据库相关数据整理而得。

从对第5章农产品的显示性比较优势指数的测度结果来看，两国的其他动物产品在美国市场均具备比较优势，2002~2010年中国第5章农产品在美国市场上平均的显示性比较优势指数为3.41，而同期巴西则为1.94（见表5-6）。

表 5 - 6 　　　　2002 ~ 2010 年中国和巴西第 5 章农产品
在美国市场的显示性比较优势指数

国家	2002 年	2003 年	2004 年	2005 年	2006 年	2007 年	2008 年	2009 年	2010 年	平均
中国	5.35	4.68	4.62	3.69	2.76	2.79	2.69	2.00	2.14	3.41
巴西	0.84	1.03	1.06	1.24	1.28	1.53	1.66	3.15	5.70	1.94

注：此处显示性比较优势指数的计算选用美国市场代替原公式中的世界市场。
资料来源：笔者 UN Comtrade 数据库相关数据整理而得。

第五节　简要小结

通过上述分析，可以得到如下结论：

（1）从总量上看，中巴两国农产品在世界市场所占的份额呈逐渐提高的趋势；而在对方国家市场的份额则呈波浪形逐渐提高的态势。总体上，巴西农产品在世界市场和对方国家市场所占的份额高于中国农产品所占的份额。但在第三方的日本市场和美国市场，中国农产品的份额明显高于巴西；中国农产品在日本市场所占的份额很不稳定，但巴西农产品在日本市场和美国市场的份额则稳步提升。

（2）从具体产品来看，无论是在世界市场，还是在本土市场或第三方市场，中巴两国农产品大体呈现相互交错的态势，优势农产品在类型上并没有重叠，表明两国农产品的互补性比竞争性更加明显。中国的优势农产品主要体现为第3章、第5章、第7章、第13章、第14章、第16章、第20章农产品；巴西的优势农产品主要是第2章、第9章、第12章、第17章、第24章农产品。

| 第六章 |
中国与墨西哥农产品的竞争与互补分析

中国与墨西哥的全面战略伙伴关系始于 2013 年，自此开创了两国发展友好关系的一个新时代。据海关统计，中国已成为墨西哥的第二大贸易伙伴、第二大进口来源地和第三大出口目的地，墨西哥同样是中国的重要贸易伙伴之一。据墨西哥的统计数据，仅在 2018 年前五个月，墨西哥向中国出口农产品就比上年同期增长 54%，营业额超过 3.2 亿美元。这是新双边关系的结果，其特点是贸易更加自由，以及更大的合作和投资。迄今为止，中墨两国已签署 16 个墨西哥农产品输华协定。

虽然在这几年中国与墨西哥农产品双边贸易的发展迅速，但背后仍存在着一些不容小觑的问题，比如墨西哥在 2016 年的农产品对外贸易额为 548.4 亿美元，中国农产品的对外贸易总额为 1845.6 亿美元，看起来贸易总额数值大，但仅占墨西哥农产品贸易总额的 1.5%，占中国的 0.5%，这些数据说明中国与墨西哥双边农产品贸易水平仍比较低。

由于中国与墨西哥同为发展中国家，并且两国具有相似的资源禀赋和经济发展水平，中国与墨西哥农产品的出口产品结构和市场有交叉重叠，导致两国在世界市场上存在激烈的竞争，从而阻碍了双方贸易的深入发展。2016年，中国农产品主要出口国排名依次为日本、美国、韩国和东盟国家。同时，墨西哥农产品对美国出口210.4亿美元，占比72.4%；对日本出口6.8亿美元，占比2.3%；对加拿大出口5.4亿美元，占比1.9%；对危地马拉出口3.3亿美元，对委内瑞拉出口3亿美元。因此中国与墨西哥农产品在美国市场和日本市场上的竞争尤为激烈，墨西哥把中国看作最强大的威胁者，使中墨两国的贸易关系出现摩擦。

虽然中国与墨西哥双方有贸易摩擦问题，但两国贸易关系还是有美好的前景和获利的机遇，在此背景下，笔者以提高中墨两国农产品贸易为主旨，阐释中国与墨西哥农产品贸易的特征，通过分析中国和墨西哥农产品贸易的竞争或互补关系，使两国都能在双边贸易中获得最大化利益的目的。最后，提出优化中国农产品贸易格局提高中国农产品的国际竞争力的政策建议。

第一节　中国与墨西哥农产品贸易的状况

一、贸易总量及贸易差额

从表6-1可以看出，在2008～2017年间，除了2009年和2012年中国和墨西哥农产品贸易总额有明显下降之外，中国与墨西哥农产品贸易总额从整体上看处于增长趋势，2008年的贸易总额为4.20亿美元，而到了2017年贸易总额达到了10.09亿美元，是2008年的2.4倍，年平均增长率为10.23%。

表6-1　　　　　　　2008～2017年中国与墨西哥农产品贸易　　　　　单位：亿美元

年份	贸易总额	中国对墨西哥农产品出口额	中国自墨西哥农产品进口额	贸易顺差
2008	4.20	3.82	0.38	3.45
2009	3.79	3.31	0.48	2.82
2010	4.95	4.38	0.57	3.81
2011	7.50	6.03	1.47	4.55
2012	5.97	4.87	1.10	3.77
2013	7.31	5.87	1.44	4.43

续表

年份	贸易总额	中国对墨西哥农产品出口额	中国自墨西哥农产品进口额	贸易顺差
2014	7.52	5.86	1.66	4.20
2015	8.00	6.09	1.91	4.19
2016	8.27	6.54	1.74	4.80
2017	10.09	7.15	2.94	4.21

资料来源：笔者 UN Comtrade 数据库相关数据整理而得。

其中，在中国对墨西哥农产品出口方面，出口贸易额从整体上也是呈逐年上涨的趋势，年平均增长率为 7.21%。在中国自墨西哥农产品进口方面，进口额基本也逐年增长，虽然进口数额较小，但其增速明显比中国出口墨西哥农产品贸易额的增速要高，年平均增长率为 25.52%。

从贸易差额看，中国与墨西哥的农产品贸易在 2008～2017 年间一直处于顺差状态，而且近十年顺差额在稳步扩大，从 2008 年的 3.45 亿美元扩大到了 2017 年的 4.21 亿美元，这说明了中国与墨西哥农产品双边贸易极其不平衡的现状。

从图 6-1 可以看出中国与墨西哥的农产品贸易占全国农产品贸易总额的

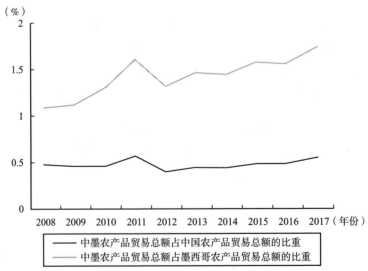

图 6-1　2008～2017 年中国与墨西哥农产品贸易总额所占比重

资料来源：笔者 UN Comtrade 数据库相关数据整理而得。

比重在 2008～2017 年期间都稳定在 0.5% 左右，占比较低，但总体来看，有轻微的增长趋势。这一比重呈明显上升的趋势，并在 2011 年登顶，占比为 1.59%，虽然之后逐渐回落，但均在逐年增长，在 2017 年占比达到 1.73%，超过了 2011 年的最高值。可见，十年期间，中国与墨西哥之间的农产品贸易的市场地位都在上升，具有很大的潜力空间。

二、贸易结构

从表 6-2 排名前 10 的农产品出口类别看，中国对墨西哥出口最多的农产品种类为肉、鱼等水生动物制品，出口金额为 19.25 亿美元，占中墨农产品出口总额的比重达到 35.70%。其次是鱼等水生动物和虫胶及其他植物液、汁，出口金额分别为 13.40 亿美元和 5.60 亿美元，占农产品出口总额的比重分别达到 24.85% 和 10.39%。

表 6-2　　　2008～2017 年中国对墨西哥出口排名前 10 的农产品

序号	商品编码	出口金额（亿美元）	占中墨农产品出口总额的比重（%）
1	HS16—肉、鱼、甲壳动物、软体动物及其他水生无脊椎动物的制品	19.25	35.70
2	HS03—鱼、甲壳动物、软体动物及其他水生无脊椎动物	13.40	24.85
3	HS13—虫胶；树胶、树脂及其他植物液、汁	5.60	10.39
4	HS20—蔬菜、水果、坚果或植物其他部分的制品	4.18	7.75
5	HS09—咖啡、茶、马黛茶及调味香料	2.77	5.14
6	HS23—食品工业的残渣及废料；配置的动物饲料	1.7	3.15
7	HS12—含油子仁及果实；杂项子仁及果实；工业用或药用植物；稻草、秸秆及饲料	1.54	2.86
8	HS07—食用蔬菜、根及块茎	1.45	2.69
9	HS17—糖及糖食	1.32	2.45
10	HS21—杂项食品	1.00	1.85

资料来源：笔者 UN Comtrade 数据库相关数据整理而得。

从表6-3排名前10的农产品进口类别来看，中国对墨西哥进口最多的农产品种类为鱼等水生动物，进口金额为4.07亿美元，占中墨农产品进口总额的比重达到29.73%。其次是饮料、酒及醋和食品工业的残渣及动物饲料，出口金额分别为2.91亿美元和2.90亿美元，占农产品出口总额的比重分别达到21.26%和21.18%。

表6-3　　　　　2008~2017年中国自墨西哥进口排名前10的农产品

序号	商品编码	进口金额（亿美元）	占中墨农产品进口总额的比重（%）
1	HS03—鱼、甲壳动物、软体动物及其他水生无脊椎动物	4.07	29.73
2	HS22—饮料、酒及醋	2.91	21.26
3	HS23—食品工业的残渣及废料；配置的动物饲料	2.90	21.18
4	HS08—食用水果及坚果；柑桔属水果或甜瓜的果皮	1.82	13.29
5	HS13—虫胶；树胶、树脂及其他植物液、汁	0.46	3.36
6	HS20—蔬菜、水果、坚果或植物其他部分的制品	0.31	2.26
7	HS21—杂项食品	0.30	2.19
8	HS14—编结用植物材料；其他植物产品	0.16	1.17
9	HS12—含油子仁及果实；杂项子仁及果实；工业用或药用植物；稻草、秸秆及饲料	0.15	1.10
10	HS16—肉、鱼、甲壳动物、软体动物及其他水生无脊椎动物的制品	0.14	1.02

资料来源：笔者UN Comtrade数据库相关数据整理而得。

综合表6-2和表6-3来看，十年间中国对墨西哥出口排名前10的农产品贸易额共计52.21亿美元，占中国出口墨西哥农产品总额的96.83%，中国自墨西哥进口排名前10的农产品的贸易额达到13.22亿美元，占中国自墨西哥进口农产品总额的96.57%，这说明了中国与墨西哥农产品的出口和进口的农产品种类贸易集中度都很高。

从排名前10的进出口类别上来看，鱼等水生动物，虫胶及其他植物液、汁，食品工业的残渣及动物饲料，蔬菜、水果等制品6类农产品有交叉，这说明两国的资源禀赋相似。

第二节　中国与墨西哥农产品贸易的竞争性分析

　　显示性比较优势（RCA）指数是测度一个国家某一产品或某一行业在国际市场上的竞争力的指标。该指数是 1965 年由美国经济学家巴拉萨提出的，指的是一个国家某一种商品的出口额占其所有商品出口总额比例与在世界市场上该种商品出口额占所有商品出口总额比例的最终比率大小，可以用公式表示为：

$$RCA_{ij} = \frac{X_{ij}/X_i}{X_{wj}/X_w} \tag{6-1}$$

　　在式（6-1）中，RCA_{ij} 指的是 i 国在 j 类商品上的显示性比较优势，X_{ij} 指的是国家 i 的 j 类商品出口额，X_i 指的是国家 i 所有商品的出口总额，X_{wj} 指的是 j 类商品的世界出口额，X_w 指的是所有商品的世界出口总额。

　　一般而言，RCA 值越接近 1，则说明该国此类商品在世界市场上没有明显相对优势，也没有明显的相对劣势。如果 RCA 值大于 1，则说明该国的此类商品在世界市场上具有明显的比较优势，具有一定的国际竞争力；如果 RCA 值小于 1，则相反，说明该国的此类商品在世界市场上的竞争力相对较弱。更仔细地划分，若 RCA > 2.5，则说明该国此类商品的竞争力属于极强水平；如果 RCA 指数在 1.2 ~ 2.5 之间，则表明该国此类商品的竞争力属于较强水平；若 RCA 指数在 0.8 ~ 1.25 之间，则表明该国此类商品的国际竞争力属于一般水平；如果 RCA < 0.8，则表明该国此类商品的国际竞争力相对较弱。

一、世界市场

　　根据表 6-4 可以得出：在所列的二十四章农产品中，在世界市场上，中国农产品的竞争优势主要集中在鱼等水生无脊椎动物，其他动物产品，食用蔬菜，虫胶及其他植物液、汁，编结用植物材料及其他植物产品，肉、鱼等水生动物制品，蔬菜、水果制品这七章农产品上。其中，其他动物产品，肉、鱼等水生动物制品的 RCA 指数在 2001 ~ 2017 年均大于 1.25，这说明这两类农产品在世界市场上具有较强的国际竞争力。除了虫胶及其他植物液、汁这章农产品的 RCA 指数逐年增大之外，其余具有竞争优势的六章农产品在 2001 ~ 2017 年的某几年中均出现了竞争优势减弱的迹象。

表 6 – 4　　　　　2001 ~ 2017 年中国农产品在世界市场的 RCA 指数

类别	2001 年	2003 年	2005 年	2007 年	2009 年	2011 年	2013 年	2015 年	2017 年
HS01	0.91	0.53	0.35	0.28	0.27	0.29	0.22	0.22	0.18
HS02	0.48	0.23	0.16	0.11	0.09	0.09	0.07	0.07	0.05
HS03	1.47	1.24	1.06	0.82	1.03	1.18	1.17	1.03	0.97
HS04	0.15	0.11	0.08	0.09	0.06	0.06	0.05	0.05	0.05
HS05	4.56	3.19	2.74	2.11	1.94	2.19	1.79	1.38	1.64
HS06	0.10	0.07	0.08	0.09	0.11	0.01	0.11	0.11	0.12
HS07	1.85	1.36	1.28	1.06	1.06	1.49	1.07	1.07	1.26
HS08	0.35	0.35	0.30	0.32	0.38	0.36	0.40	0.37	0.41
HS09	1.02	0.81	0.68	0.48	0.00	0.48	0.52	0.40	0.52
HS10	0.71	1.15	0.44	0.31	0.08	0.06	0.03	0.02	0.05
HS11	0.45	0.35	0.33	0.47	0.35	0.35	0.26	0.21	0.24
HS12	1.05	0.71	0.63	0.43	0.33	0.30	0.25	0.24	0.21
HS13	0.74	0.48	0.45	0.61	1.15	1.10	1.13	1.37	1.57
HS14	2.18	1.60	1.41	1.08	0.93	1.22	1.05	1.02	1.13
HS15	0.15	0.07	0.10	0.05	0.05	0.06	0.05	0.05	0.06
HS16	3.06	2.44	2.37	2.04	1.39	1.84	1.70	1.30	1.77
HS17	0.22	0.19	0.24	0.22	0.24	0.27	0.25	0.28	0.32
HS18	0.05	0.05	0.07	0.06	0.04	0.08	0.07	0.07	0.06
HS19	0.55	0.39	0.35	0.27	0.23	0.25	0.19	0.15	0.16
HS20	1.75	1.45	1.36	1.40	1.11	1.26	1.12	0.87	0.96
HS21	0.51	0.38	0.32	0.33	0.31	0.34	0.32	0.32	0.35
HS22	0.36	0.22	0.17	0.12	0.11	0.12	0.09	0.12	0.12
HS23	0.33	0.27	0.23	0.29	0.36	0.30	0.28	0.26	0.29
HS24	0.43	0.40	0.30	0.25	0.27	0.26	0.26	0.23	0.25

资料来源：笔者 UN Comtrade 数据库相关数据整理而得。

　　根据表 6－5 可以得出：在世界市场上，墨西哥农产品的竞争优势主要集中在活动物，食用蔬菜，食用水果及果皮，编结用植物材料及其他植物产品，糖及糖食，饮料、酒及醋这六章农产品上。其中，食用蔬菜的 RCA 指数在 2001～2017 年均大于 2.5，这说明这章农产品在世界市场上具有非常强的竞争力。活动物，食用水果及果皮，编结用植物材料及其他植物产品，糖及糖食，饮料、酒及醋的 RCA 指数基本都大于 1.25，这表明这五章农产品在世界市场上具有比较高的竞争力，尤其是食用水果及果皮的 RCA 指数逐年增大，在 2017 年超过了 2.5，这表明了这章农产品在世界市场上的竞争力由相对较强向极强转变。

表 6－5　　　　　　2001～2017 年墨西哥农产品在世界市场的 RCA 指数

类别	2001 年	2002 年	2003 年	2004 年	2005 年	2007 年	2009 年	2011 年	2013 年	2015 年	2017 年
HS01	1.83	1.33	2.05	2.26	1.99	1.59	1.27	1.74	1.22	1.91	1.22
HS02	0.20	0.20	0.17	0.20	0.24	0.28	0.29	0.45	0.47	0.58	0.57
HS03	0.54	0.49	0.55	0.53	0.49	0.54	0.53	0.54	0.45	0.42	0.41
HS04	0.10	0.15	0.15	0.13	0.12	0.11	0.15	0.14	0.13	0.15	0.16
HS05	0.14	0.08	0.06	0.06	0.11	0.15	0.18	0.21	0.14	0.17	0.18
HS06	0.24	0.21	0.17	0.17	0.17	0.17	0.17	0.01	0.14	0.16	0.16
HS07	4.14	3.91	4.35	4.78	4.67	4.20	4.24	4.64	4.25	4.11	4.13
HS08	1.05	1.02	1.30	1.44	1.48	1.79	1.82	1.65	1.88	1.96	2.81
HS09	0.88	0.75	0.74	0.75	0.71	0.75	0.00	0.97	0.78	0.46	0.50
HS10	0.10	0.10	0.13	0.06	0.09	0.16	0.26	0.19	0.20	0.23	0.29
HS11	0.19	0.18	0.21	0.27	0.30	0.31	0.40	0.45	0.39	0.32	0.46
HS12	0.12	0.11	0.10	0.13	0.12	0.11	0.09	0.09	0.08	0.07	0.07
HS13	0.81	0.86	0.99	0.98	0.89	0.92	0.98	0.56	0.60	0.89	0.88
HS14	2.22	1.97	1.76	2.85	2.39	2.85	1.93	2.60	2.42	2.51	2.45
HS15	0.08	0.07	0.09	0.09	0.10	0.09	0.11	0.12	0.11	0.10	0.12
HS16	0.26	0.26	0.22	0.23	0.20	0.21	0.13	0.14	0.15	0.14	0.26
HS17	0.66	0.89	0.74	0.87	1.15	1.02	1.73	2.07	2.07	1.70	1.60
HS18	0.17	0.20	0.25	0.26	0.30	0.35	0.67	0.83	0.66	0.57	0.62

类别	2001 年	2002 年	2003 年	2004 年	2005 年	2007 年	2009 年	2011 年	2013 年	2015 年	2017 年
HS19	0.61	0.62	0.70	0.68	0.73	0.98	1.09	1.17	1.07	0.94	1.06
HS20	0.58	0.60	0.62	0.73	0.86	0.77	0.92	1.05	0.98	0.91	1.13
HS21	0.76	0.62	0.70	0.81	0.89	0.87	0.87	0.75	0.73	0.58	0.60
HS22	1.76	1.90	1.87	1.87	2.01	1.86	1.92	1.79	1.39	1.48	1.70
HS23	0.06	0.07	0.07	0.05	0.09	0.12	0.16	0.13	0.15	0.10	0.15
HS24	0.12	0.11	0.11	0.09	0.05	0.57	0.43	0.38	0.36	0.23	0.22

资料来源：笔者 UN Comtrade 数据库相关数据整理而得。

由上述两个结论可见，在食用蔬菜和编结用植物材料及其他植物产品这两章农产品上，中国与墨西哥属于竞争关系，这两章农产品在鱼等水生无脊椎动物，其他动物产品，虫胶及其他植物液、汁，肉、鱼等水生动物制品，蔬菜、水果制品等农产品的出口上中国占有相对优势，而在活动物，食用水果及果皮，糖及糖食，谷物，饮料、酒及醋等产品的出口上墨西哥占有相对优势，说明两国贸易在这几种农产品上存在互补性，不具有竞争关系。因此，从整体上来看，中国与墨西哥农产品贸易在世界市场上竞争性的规模小于互补性规模。

二、美国市场

根据表 6 - 6 可以得出：在所列的二十四章农产品中，中国农产品在美国市场上的优势表现在其他动物产品，肉、鱼等水生动物制品，蔬菜、水果制品，食品工业的残渣及动物饲料这四章农产品上。其中，其他动物产品，肉、鱼等水生动物制品这两章农产品的显示性比较优势指数均大于 1.25，这说明这两章农产品在美国市场上具有较强的国际竞争力。然而蔬菜、水果制品在2001~2017 年均出现了竞争优势逐年减弱的迹象，由 2001 年的 1.18 降到了2017 年的 0.75，由竞争力较强向竞争力较弱转变。食品工业的残渣及动物饲料这章农产品在 2001~2017 年呈现先上升再下降的趋势，在 2008 年达到顶峰，而到 2017 年逐渐回落到 0.77。

表 6 - 6 　　　　　　2001～2017 年中国农产品在美国市场的 RCA 指数

类别	2001 年	2003 年	2005 年	2007 年	2009 年	2011 年	2013 年	2015 年	2017 年
HS01	0.03	0.03	0.03	0.05	0.05	0.06	0.05	0.04	0.04
HS02	0.01	0.02	0.01	0.02	0.01	0.01	0.00	0.00	0.00
HS03	0.89	1.03	0.72	0.61	0.69	0.97	0.78	0.65	0.58
HS04	0.35	0.45	0.22	0.09	0.03	0.04	0.04	0.03	0.03
HS05	6.22	4.53	3.87	2.57	1.56	2.26	1.86	1.34	1.30
HS06	0.08	0.10	0.06	0.04	0.04	0.06	0.07	0.08	0.11
HS07	0.48	0.56	0.38	0.51	0.35	0.55	0.34	0.33	0.44
HS08	0.11	0.14	0.10	0.10	0.07	0.08	0.07	0.06	0.05
HS09	0.33	0.27	0.20	0.15	0.13	0.14	0.17	0.15	0.15
HS10	0.02	0.27	0.15	0.23	0.00	0.00	0.00	0.01	0.01
HS11	0.09	0.13	0.05	0.05	0.05	0.09	0.08	0.05	0.03
HS12	0.85	0.76	0.56	0.44	0.31	0.36	0.44	0.42	0.29
HS13	0.99	0.49	0.23	0.33	0.55	0.55	0.57	0.84	0.74
HS14	1.06	0.74	0.53	0.29	0.30	0.74	0.63	0.44	0.50
HS15	0.09	0.09	0.05	0.06	0.05	0.08	0.11	0.08	0.07
HS16	2.04	2.06	0.93	1.93	1.13	1.67	1.85	1.45	1.50
HS17	0.27	0.25	0.19	0.35	0.27	0.26	0.27	0.21	0.23
HS18	0.18	0.10	0.07	0.12	0.02	0.01	0.01	0.03	0.04
HS19	0.25	0.19	0.14	0.15	0.12	0.19	0.18	0.15	0.15
HS20	1.18	1.38	1.01	1.34	0.87	1.25	1.14	0.79	0.75
HS21	0.41	0.43	0.30	0.38	0.22	0.33	0.41	0.41	0.51
HS22	0.04	0.02	0.02	0.01	0.01	0.01	0.01	0.01	0.01
HS23	0.40	0.36	0.63	1.53	1.41	1.69	1.10	0.81	0.77
HS24	0.31	0.15	0.05	0.09	0.04	0.03	0.05	0.02	0.03

资料来源：笔者 UN Comtrade 数据库相关数据整理而得。

根据表 6 - 7 可以得出：在美国市场上，墨西哥农产品的优势主要集中在活动物，食用蔬菜，食用水果及果皮，编结用植物材料及其他植物产品，糖及糖食，谷物，饮料、酒及醋这七章农产品上，这七章农产品的 RCA 指数均大于 1，说明这七章农产品具有明显的比较优势。其中，食用蔬菜和编结用植物材料及其他植物产品这两章农产品在 2001～2017 年间的 RCA 指数均大于 2.5，这说明具有很高的竞争力。活动物，食用水果及果皮，糖及糖食，饮料、酒及醋的 RCA 指数均大于 1.25，这说明这四章农产品具有较强的国际竞争力。此外，还有肉及食用杂碎，蔬菜、水果制品这两章农产品的竞争力逐年增强，竞争优势由相对较弱到具有一定的竞争力转变。

表 6 - 7   2001～2017 年墨西哥农产品在美国市场的 RCA 指数

类别	2001 年	2003 年	2005 年	2007 年	2009 年	2011 年	2013 年	2015 年	2017 年
HS01	1.53	1.99	2.31	1.38	1.64	2.25	1.54	1.96	1.51
HS02	0.03	0.06	0.09	0.20	0.28	0.56	0.78	0.84	0.82
HS03	0.49	0.39	0.40	0.36	0.35	0.28	0.25	0.25	0.25
HS04	0.09	0.30	0.26	0.28	0.31	0.33	0.35	0.29	0.26
HS05	0.41	0.31	0.40	0.45	0.65	0.57	0.57	0.63	0.57
HS06	0.33	0.25	0.23	0.23	0.21	0.20	0.20	0.18	0.19
HS07	5.05	5.47	5.12	4.84	4.67	4.86	4.61	4.19	4.44
HS08	1.58	1.62	1.99	2.08	2.21	2.27	2.38	2.45	3.12
HS09	0.70	0.58	0.48	0.45	0.49	0.50	0.45	0.27	0.24
HS10	0.07	0.08	0.08	0.21	0.07	0.06	0.03	0.09	0.05
HS11	0.24	0.25	0.41	0.35	0.33	0.28	0.30	0.28	0.39
HS12	0.32	0.30	0.37	0.27	0.27	0.27	0.27	0.22	0.20
HS13	0.39	0.65	0.63	0.56	0.49	0.20	0.16	0.28	0.23
HS14	3.02	3.38	3.24	2.13	2.29	3.22	2.79	2.86	2.68
HS15	0.17	0.17	0.19	0.18	0.15	0.13	0.16	0.15	0.17
HS16	0.15	0.14	0.17	0.25	0.16	0.13	0.13	0.13	0.14
HS17	1.15	1.22	1.71	1.60	2.57	2.96	3.38	2.45	2.09
HS18	0.21	0.38	0.34	0.48	0.85	0.94	0.94	0.74	0.75
HS19	0.79	0.92	0.87	1.04	1.26	1.42	1.29	1.17	1.44
HS20	0.90	0.92	1.08	0.91	0.97	1.02	0.99	1.00	1.24

类别	2001 年	2003 年	2005 年	2007 年	2009 年	2011 年	2013 年	2015 年	2017 年
HS21	0.83	1.01	1.15	1.18	1.12	1.04	0.98	0.80	0.77
HS22	1.33	1.34	1.41	1.26	1.30	1.23	1.17	1.37	1.55
HS23	0.10	0.17	0.10	0.14	0.11	0.10	0.10	0.05	0.05
HS24	0.09	0.15	0.09	0.10	0.12	0.11	0.05	0.04	0.04

资料来源：笔者 UN Comtrade 数据库相关数据整理而得。

由上述两个结论可知，中国只有 4 种农产品在美国市场的 RCA 指数大于 1，而墨西哥有 7 种，而且中国只有 6 种农产品在美国市场的 RCA 指数大于墨西哥的同种类农产品。

三、日本市场

根据表 6-8 可以得出：所列的二十四章农产品中，中国农产品在日本市场上的优势主要集中在其他动物产品，食用蔬菜，虫胶及其他植物液、汁，编结用植物材料及其他植物产品，肉、鱼等水生动物制品，谷物，蔬菜、水果制品，食品工业的残渣及废料、配制的动物饲料这八章农产品上。其中，食用蔬菜和蔬菜、水果制品这两章农产品的 RCA 指数在 2001～2017 年总体上大于 2.5，这说明这两章农产品一直在日本市场上具有极强的竞争力。虫胶及其他植物液、汁的竞争力逐年增长，RCA 指数在 2008 年之后大于 2.5，竞争力由较弱变为极强。然而，在具有竞争优势的八章农产品中，除了虫胶及其他植物液、汁，其他 7 种农产品均出现了不同程度的竞争优势减弱的现象。这说明从整体上看中国的农产品在日本市场上的竞争力在逐渐减弱。

表 6-8　　　　2001～2017 年中国农产品在日本市场的 RCA 指数

类别	2001 年	2003 年	2005 年	2007 年	2009 年	2011 年	2013 年	2015 年	2017 年
HS01	0.12	0.05	0.16	0.23	0.23	0.16	0.09	0.12	0.09
HS02	0.38	0.10	0.00	0.00	0.00	0.00	0.00	0.00	0.00
HS03	0.67	0.64	0.66	0.65	0.69	0.83	0.94	0.84	0.80

续表

类别	2001 年	2003 年	2005 年	2007 年	2009 年	2011 年	2013 年	2015 年	2017 年
HS04	0.49	0.46	0.40	0.39	0.36	0.34	0.37	0.26	0.27
HS05	1.79	1.62	1.65	1.35	1.48	1.80	1.63	1.46	1.17
HS06	0.32	0.21	0.29	0.59	0.78	0.77	0.80	0.73	0.75
HS07	3.57	3.04	3.26	3.30	2.96	3.20	2.84	2.45	2.34
HS08	0.55	0.42	0.42	0.43	0.29	0.35	0.37	0.23	0.21
HS09	1.25	0.86	0.88	0.65	0.56	0.43	0.45	0.35	0.35
HS10	0.20	0.32	0.25	0.24	0.09	0.04	0.03	0.04	0.03
HS11	0.19	0.27	0.41	0.34	0.21	0.45	0.29	0.33	0.28
HS12	0.71	0.53	0.52	0.40	0.33	0.42	0.34	0.30	0.32
HS13	0.19	0.24	0.54	0.94	2.38	2.23	2.32	2.43	2.45
HS14	2.31	2.39	1.83	1.84	1.60	1.20	1.23	1.09	0.77
HS15	0.12	0.07	0.23	0.19	0.17	0.10	0.22	0.11	0.08
HS16	3.49	3.23	3.50	3.75	2.56	2.94	2.70	2.17	1.92
HS17	0.09	0.10	0.12	0.12	0.07	0.08	0.10	0.08	0.07
HS18	0.02	0.09	0.06	0.05	0.03	0.05	0.13	0.13	0.11
HS19	1.37	1.23	1.56	1.60	1.10	1.14	1.19	0.96	0.83
HS20	2.36	2.28	2.47	2.52	2.21	2.56	2.87	2.39	2.22
HS21	1.01	0.87	0.95	0.90	0.69	0.72	0.68	0.53	0.57
HS22	0.27	0.23	0.22	0.20	0.10	0.09	0.07	0.04	0.05
HS23	0.49	0.68	1.03	1.00	1.26	0.77	1.06	1.04	0.89
HS24	0.03	0.03	0.03	0.02	0.04	0.02	0.03	0.03	0.01

资料来源：笔者 UN Comtrade 数据库相关数据整理而得。

根据表 6-9 可以得出：墨西哥农产品在日本市场上的竞争优势主要集中在肉及食用杂碎，鱼等水生无脊椎动物，其他动物产品，食用蔬菜，食用水果及果皮，虫胶及其他植物液、汁，动、植物油脂及动、植物蜡，蔬菜、水果制品，杂项食品，饮料、酒及醋这十章农产品上。其中，肉及食用杂碎，其他动物产品，食用水果及果皮，虫胶及其他植物液、汁这三章农产品的

RCA 指数在 2001 ~ 2017 年均大于 2.5，这说明这三章农产品在日本市场上具有极强的竞争力。剩余具有竞争优势的其他 7 种农产品的 RCA 指数也基本上都大于 1.25，说明这些农产品在日本市场上具有较强的竞争力。

表 6 - 9   **2001 ~ 2017 年墨西哥农产品在日本市场的 RCA 指数**

类别	2001 年	2003 年	2005 年	2007 年	2009 年	2011 年	2013 年	2015 年	2017 年
HS01	0.00	0.01	0.01	0.00	0.00	0.02	0.15	0.01	0.00
HS02	4.83	3.58	8.30	12.34	12.10	12.92	20.94	9.53	5.95
HS03	0.36	1.20	1.27	2.10	1.08	2.02	2.40	1.65	1.23
HS04	0.08	0.47	0.22	0.07	0.14	0.49	0.43	0.26	0.18
HS05	0.03	0.23	1.74	2.88	3.98	5.43	5.47	2.80	2.39
HS06	0.20	0.17	0.15	0.11	0.14	0.13	0.17	0.07	0.07
HS07	1.35	1.52	2.44	1.15	1.59	2.04	1.97	2.14	1.37
HS08	5.56	9.01	11.11	12.27	11.34	13.92	16.58	9.41	9.48
HS09	3.48	4.13	3.87	2.00	1.86	2.80	1.65	0.68	0.48
HS10	0.00	0.00	0.00	0.30	0.00	0.00	0.00	0.00	0.00
HS11	0.16	0.02	0.00	0.00	0.00	0.03	0.13	0.05	0.06
HS12	0.22	0.25	0.24	0.56	0.39	0.34	0.30	0.31	0.16
HS13	2.35	5.35	4.41	5.60	9.69	9.55	8.32	5.79	3.96
HS14	1.43	1.23	1.24	1.58	0.36	0.25	0.58	0.45	0.19
HS15	0.87	0.31	0.98	0.97	1.27	1.92	2.37	1.22	1.15
HS16	1.36	0.25	0.38	0.55	0.20	0.05	0.03	0.01	0.00
HS17	0.05	0.14	1.38	0.03	0.02	0.06	0.21	0.22	0.15
HS18	0.02	0.08	0.10	0.46	0.21	0.04	0.22	0.06	0.05
HS19	0.00	0.02	0.00	0.00	0.00	0.00	0.00	0.00	0.00
HS20	0.42	0.83	1.50	1.55	1.83	3.39	3.20	2.08	1.72
HS21	3.63	1.22	4.29	0.90	3.76	2.64	4.54	1.12	0.59
HS22	1.36	1.88	1.99	1.68	2.35	1.91	2.20	1.64	1.35
HS23	0.04	0.04	0.00	0.81	1.42	1.43	1.77	0.04	0.29
HS24	0.20	0.22	0.00	0.00	0.00	0.00	0.00	0.03	0.13

资料来源：笔者 UN Comtrade 数据库相关数据整理而得。

综合比较中国和墨西哥农产品的 RCA 指数，可以看出，在日本市场上，中国和墨西哥在其他动物产品，食用蔬菜，虫胶及其他植物液、汁、蔬菜、水果制品这三章农产品上存在一定的竞争。从整体上看，中国和墨西哥有竞争优势的农产品种类数量在日本市场上基本持平，但从 RCA 指数大小来看，墨西哥农产品的竞争力优势要优于中国。

第三节　中国与墨西哥农产品贸易的互补性分析

贸易互补性指数是用来衡量一个国家某类商品的出口和另一个国家的进口是否吻合，从而衡量两个国家双边贸易的互补程度。贸易互补性指数（trade complementarity index，TCI）用公式可以表示为：

$$TCI_{ij} = RCA_{xik} \times RCA_{mjk} \qquad (6-2)$$

在式（6-2）中，TCI_{ij} 表示出口 i 国和进口 j 国之间的贸易互补性水平。RCA_{xik} 表示出口角度的 i 国在 k 类商品上的优势（在上文公式中已计算过），RCA_{mjk} 表示进口角度的 j 国在 k 类商品上的劣势；而显性比较劣势可以用公式表达为：

$$RCA_{mjk} = \frac{M_{jk}/M_j}{M_{wk}/M_w} \qquad (6-3)$$

在式（6-3）中，M_{jk} 指的是国家 j 在 k 类商品上的进口额，M_j 指的是国家 j 在所有商品上的进口总额；M_{wk} 指的是世界上 k 类商品的进口总额，M_w 指的是世界上所有商品的进口总额。根据贸易互补性指数公式可知，当两个国家的贸易互补性程度越高，贸易关系越紧密时，贸易互补性指数就越大，反之则相反。一般来说，当 C_{ij} 的值大于 1 时，表明两个国家之间某类商品的贸易互补性较高；反之，当 C_{ij} 的值小于 1 时，则认为贸易互补性较低。

一、世界市场

表6-10列出了以中国为出口国计算的中国与墨西哥农产品 TCI 水平。其中，中国与墨西哥农产品贸易互补程度最高的是其他动物产品。虫胶及其他植物液、汁这章农产品的 TCI 在 2012～2017 年逐年增长，由 2001 年的

0. 10 增长到 2017 年的 1. 10，贸易互补性提高迅速。谷物、油料以及编结用植物材料这三章农产品自 2001 ~ 2017 年 TCI 逐渐减小，说明贸易互补程度降速极其明显。其余农产品的贸易互补性指数比较稳定，且均小于 1，说明中国与墨西哥在世界市场上贸易互补程度较低。

表 6 - 10　　　　2001 ~ 2017 年中国与墨西哥农产品在世界市场的 TCI

类别	2001 年	2003 年	2005 年	2007 年	2009 年	2011 年	2013 年	2015 年	2017 年
HS01	0. 84	0. 27	0. 20	0. 17	0. 10	0. 12	0. 12	0. 09	0. 07
HS02	0. 81	0. 41	0. 29	0. 19	0. 16	0. 15	0. 14	0. 10	0. 08
HS03	0. 11	0. 17	0. 19	0. 20	0. 20	0. 33	0. 34	0. 22	0. 22
HS04	0. 16	0. 10	0. 10	0. 12	0. 06	0. 07	0. 06	0. 05	0. 05
HS05	5. 08	3. 73	3. 12	2. 87	2. 62	2. 73	2. 23	1. 63	1. 59
HS06	0. 02	0. 02	0. 02	0. 02	0. 03	0. 00	0. 03	0. 03	0. 03
HS07	0. 59	0. 43	0. 39	0. 37	0. 49	0. 52	0. 35	0. 25	0. 37
HS08	0. 21	0. 19	0. 15	0. 17	0. 17	0. 18	0. 19	0. 13	0. 13
HS09	0. 26	0. 20	0. 18	0. 12	0. 20	0. 14	0. 11	0. 10	0. 12
HS10	1. 28	2. 26	0. 82	0. 61	0. 17	0. 19	0. 07	0. 03	0. 11
HS11	0. 71	1. 08	1. 04	1. 54	0. 59	0. 46	0. 41	0. 27	0. 43
HS12	2. 34	1. 79	1. 52	1. 07	0. 73	0. 73	0. 42	0. 28	0. 26
HS13	0. 10	0. 53	0. 54	0. 68	1. 51	0. 87	0. 92	1. 00	1. 10
HS14	3. 88	2. 23	1. 47	0. 62	0. 35	0. 86	0. 39	0. 13	0. 27
HS15	0. 11	0. 06	0. 10	0. 05	0. 05	0. 06	0. 04	0. 03	0. 04
HS16	1. 16	0. 93	1. 02	1. 01	0. 57	0. 76	0. 79	0. 62	0. 74
HS17	0. 95	0. 08	0. 12	0. 19	0. 27	0. 34	0. 29	0. 25	0. 27
HS18	0. 03	0. 03	0. 04	0. 04	0. 02	0. 05	0. 04	0. 02	0. 02
HS19	0. 39	0. 33	0. 34	0. 20	0. 11	0. 13	0. 12	0. 08	0. 06
HS20	0. 93	0. 95	0. 90	0. 90	0. 62	0. 74	0. 67	0. 44	0. 46
HS21	0. 59	0. 50	0. 45	0. 45	0. 37	0. 32	0. 33	0. 30	0. 31
HS22	0. 12	0. 08	0. 06	0. 05	0. 05	0. 06	0. 04	0. 06	0. 05
HS23	0. 23	0. 26	0. 26	0. 33	0. 42	0. 34	0. 27	0. 22	0. 25
HS24	0. 03	0. 06	0. 04	0. 09	0. 07	0. 06	0. 05	0. 03	0. 03

资料来源：笔者 UN Comtrade 数据库相关数据整理而得。

二、美国市场

表 6 - 11 列出了在美国市场上的以中国为出口国计算的中国与墨西哥两国农产品 TCI 水平。其中，中国与墨西哥农产品贸易互补程度最高的仍然是其他动物产品，其次是肉、鱼等其他水生动物制品，这两章农产品的 TCI 在 2001 ~ 2017 年均大于 1，表明中国与墨西哥这两类农产品在美国市场上互补程度较高，贸易关系紧密。除了少数几种农产品外，大部分中国与墨西哥农产品在美国市场上的 TCI 在 2001 ~ 2017 年间均有不同程度的下降。

表 6 - 11   2001 ~ 2017 年中国与墨西哥农产品在美国市场的 TCI

类别	2001 年	2003 年	2005 年	2007 年	2009 年	2011 年	2013 年	2015 年	2017 年
HS01	0.03	0.02	0.02	0.06	0.06	0.06	0.06	0.05	0.04
HS02	0.02	0.03	0.02	0.05	0.02	0.01	0.01	0.00	0.00
HS03	0.05	0.08	0.04	0.05	0.03	0.05	0.04	0.05	0.05
HS04	0.80	1.25	0.61	0.27	0.08	0.10	0.08	0.07	0.06
HS05	6.56	4.96	4.03	3.30	2.72	3.78	3.19	2.45	1.71
HS06	0.06	0.07	0.04	0.03	0.03	0.07	0.10	0.11	0.13
HS07	0.28	0.30	0.19	0.37	0.33	0.33	0.21	0.18	0.24
HS08	0.07	0.07	0.05	0.06	0.04	0.04	0.04	0.03	0.02
HS09	0.10	0.07	0.03	0.02	0.02	0.03	0.03	0.05	0.04
HS10	0.02	0.30	0.16	0.26	0.00	0.00	0.00	0.01	0.01
HS11	0.23	0.57	0.19	0.24	0.19	0.30	0.28	0.17	0.11
HS12	0.80	0.68	0.56	0.46	0.27	0.31	0.27	0.27	0.16
HS13	0.73	0.39	0.12	0.29	0.52	0.45	0.38	0.54	0.37
HS14	0.25	0.24	0.20	0.12	0.04	0.05	0.16	0.10	0.10
HS15	0.11	0.12	0.08	0.10	0.09	0.12	0.20	0.14	0.11
HS16	1.86	1.83	0.80	2.27	1.21	1.65	1.88	1.66	1.54
HS17	0.37	0.29	0.29	0.93	0.85	0.95	0.83	0.67	0.63
HS18	0.15	0.11	0.07	0.15	0.03	0.02	0.02	0.03	0.03

续表

类别	2001 年	2003 年	2005 年	2007 年	2009 年	2011 年	2013 年	2015 年	2017 年
HS19	0.20	0.20	0.19	0.17	0.10	0.15	0.14	0.13	0.10
HS20	0.74	1.15	0.83	1.23	0.61	0.82	0.81	0.56	0.47
HS21	0.48	0.58	0.47	0.62	0.30	0.34	0.44	0.47	0.49
HS22	0.02	0.01	0.01	0.01	0.01	0.00	0.01	0.01	0.01
HS23	0.22	0.34	0.80	2.17	1.82	2.18	1.16	0.89	0.81
HS24	0.00	0.00	0.00	0.01	0.01	0.01	0.01	0.01	0.00

资料来源：笔者 UN Comtrade 数据库相关数据整理而得。

三、日本市场

表 6 – 12 列出了在日本市场上的以中国为出口国计算的中国与墨西哥两国农产品 TCI 水平。其中，中国与墨西哥农产品贸易互补程度最高的是虫胶其他植物液、汁，这章农产品的 TCI 在 2009～2017 年均大于 1。其次是编结用植物材料，曾在 2006～2011 年 TCI 大于 1，且贸易互补指数极高。然而其余种类农产品的 TCI 均小于 1，表明中国与墨西哥在日本市场上的贸易互补程度从整体上看来比较弱。

表 6 – 12　　　　2001～2017 年中国与墨西哥农产品在日本市场的 TCI

类别	2001 年	2003 年	2005 年	2007 年	2009 年	2011 年	2013 年	2015 年	2017 年
HS01	0.00	0.00	0.62	0.00	0.00	0.00	0.00	0.01	0.00
HS02	0.00	0.00	0.00	0.00	0.00	0.00	0.00	0.00	0.00
HS03	0.05	0.03	0.03	0.05	0.03	0.15	0.03	0.03	0.05
HS04	0.00	0.00	0.00	0.00	0.00	0.00	0.00	0.00	0.00
HS05	0.02	0.00	0.01	0.02	0.01	0.00	0.00	0.15	0.00
HS06	0.00	0.00	0.00	0.00	0.00	0.00	0.00	0.00	0.00
HS07	1.00	0.35	0.54	0.46	0.01	0.00	0.01	0.01	0.06
HS08	0.00	0.00	0.00	0.00	0.00	0.00	0.00	0.00	0.00
HS09	0.09	0.06	0.07	0.03	0.05	0.03	0.05	0.03	0.05

续表

类别	2001 年	2003 年	2005 年	2007 年	2009 年	2011 年	2013 年	2015 年	2017 年
HS10	0.00	0.00	0.00	0.00	0.00	0.00	0.00	0.00	0.00
HS11	0.00	0.00	0.00	0.00	0.00	0.00	0.00	0.01	0.01
HS12	0.42	0.10	0.12	0.06	0.10	0.23	0.18	0.13	0.23
HS13	0.05	0.05	0.03	0.06	1.19	1.97	1.86	1.99	2.44
HS14	0.00	0.20	0.00	130.07	52.16	7.90	0.00	0.00	0.74
HS15	0.01	0.01	0.03	0.03	0.02	0.02	0.03	0.01	0.01
HS16	0.74	0.60	0.41	0.40	0.35	0.30	0.28	0.18	0.21
HS17	0.00	0.00	0.00	0.00	0.01	0.01	0.01	0.01	0.00
HS18	0.00	0.00	0.00	0.00	0.00	0.00	0.00	0.00	0.01
HS19	0.13	0.13	0.09	0.13	0.07	0.11	0.10	0.06	0.07
HS20	0.66	0.44	0.23	0.28	0.39	0.55	0.52	0.26	0.35
HS21	0.12	0.17	0.22	0.30	0.11	0.14	0.11	0.08	0.07
HS22	0.02	0.01	0.01	0.01	0.00	0.01	0.01	0.00	0.00
HS23	0.23	0.41	0.24	0.38	0.75	0.64	0.05	0.12	0.02
HS24	0.00	0.00	0.00	0.00	0.00	0.00	0.00	0.00	0.00

资料来源：笔者 UN Comtrade 数据库相关数据整理而得。

第四节　简要小结

第一，中国与墨西哥农产品双边贸易的增长速度快，但存在严重的贸易不平衡现象，同时中国对墨西哥农产品的贸易顺差大。

第二，中国与墨西哥农产品贸易总额分别占中国和墨西哥农产品贸易总额的比重虽不高，但均呈增长趋势，这表明中国与墨西哥农产品贸易的市场地位都在上升。

第三，中国与墨西哥农产品出口和进口的产品种类集中度都很高。

第四，中国与墨西哥农产品在世界市场上存在一定竞争，但总体看来，竞争小于互补；在美国市场上，墨西哥农产品的竞争力要远大于中国农产品；

在日本市场上，墨西哥农产品的竞争力要略大于中国农产品。

第五，从世界市场、美国市场、日本市场相结合来看，中国与墨西哥两国贸易互补性高的农产品比较集中，贸易互补程度高的农产品种类还比较少。

综合来看，中国与墨西哥之间农产品贸易的合作基础较好，发展潜力巨大，因此中国应充分利用两国各自的资源禀赋，以实现互利互惠的目标。

| 第七章 |

中国与墨西哥农产品贸易发展策略分析

自加入 WTO 以来，随着全球经济贸易合作越来越紧密，中国与墨西哥在农产品贸易的往来也不断加深，农产品进出口贸易额在一段时间内有了较大幅度的提高，并且始终保持持续不断的增长态势，进出口企业也越来越多。据联合国统计署的统计，中国对墨西哥的农产品贸易进出口总额从 2009 年的 6.5 亿美元增加至 2013 年的 13.8 亿美元，农产品贸易净出口涨幅达到 52.9%。但随着中国农产品对外贸易的迅猛发展，国内学者开始将注意力转移到中国农产品的国际竞争力问题上，即如何在全球化的大背景下提高我国农产品的竞争力？本部分旨在回答如何更好地促进中国与墨西哥农产品贸易发展的问题。

笔者通过阅读相关文献资料发现，对于中国和墨西哥农产品贸易的研究依然还存在很大的空间。现有研究大多数据陈旧，结合经济环境，已无法很好地体现中墨两国的贸易趋势和贸易发展状况，所以也无法提出具有针对性的解决方案。因此笔者通过对 2009～2013 年两国之间农产品贸易的数据进行收集和分析，简单阐述中国与墨西哥之间的农产品贸易概况；紧接着对中国与墨西哥两国的农产品贸易竞争力和农产品贸易强度进行分析，同时采用比较优势指数和贸易结合度指数分别从农产品的细分产品层面以及农产品的总体结构层面来判断两国农产品贸易的未来发展前景，发掘两国农产品进出口贸易存在的问题；最后，结合对两国经济发展形态的认知，得出推动两国贸易的政策建议。

第一节　中国与墨西哥农产品贸易发展状况

随着近些年来中国经济的飞跃发展和人均收入水平的不断提高，中国对墨西哥农产品的需求也在日益增加，两国之间的农产品贸易也在逐步扩大。中墨两国在农产品贸易中，既存在一定的发展空间，也面临各种挑战。

从 2009～2013 年这 5 年期间，中国和墨西哥两国之间的农产品贸易主要有以下几个较为显著的特征：

一、农产品贸易总量不断攀升

中国和墨西哥的农产品进出口贸易总量不断攀升。自 2001 年中国加入世界贸易组织（WTO）以来，在新的激烈的国际竞争环境下，中国对墨西哥农产品的进口也在不断增长，中国对墨西哥的农产品进口额从 2009 年的 234.75 百万美元增长到 2011 年的 950.1 百万美元，2012 年，中国对墨西哥的农产品进口较前两年有所下降，进口额为 773.98 百万美元，而在 2013 年，中国对墨西哥的农产品进口额为 840.59 百万美元，在出口方面，中国对墨西哥的农产品出口额从 2009 年的 1460.36 百万美元到 2013 年的 2858.25 百万美元，始终保持较为稳定的增长，两国的贸易总额也从 2009 年的 1695.11 百万美元增长到 2013 年的 3698.84 百万美元，总体来说，中国与墨西哥两国的贸易联系开始逐渐增多，具体如图 7-1 所示。

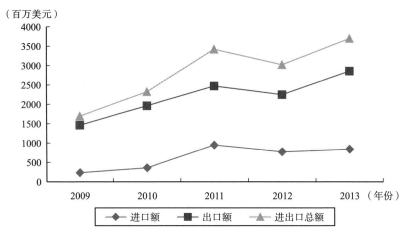

图7-1 中国对墨西哥农产品贸易进出口额

资料来源：笔者根据联合国贸易与发展会议的 TRAINS 数据库整理而得。

二、中国处于贸易顺差地位

从中国与墨西哥两国的农产品贸易差额上来看（如图7-2所示），2009~2013年中国在对墨西哥的农产品贸易中主要处于贸易顺差地位。2009年中国对墨西哥农产品的贸易顺差额为1225.61百万美元，2013年这一数值为2017.66百万美元，涨幅达到39.26%。而伴随着中国对墨西哥的贸易顺差额的不断增加，也将影响到两国之间的贸易往来，增加两国在农产品贸易的摩擦，不利于中国墨西哥两国之间今后长期的农产品贸易的合作发展。

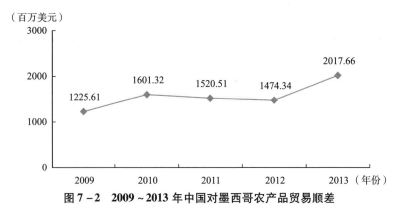

图7-2 2009~2013年中国对墨西哥农产品贸易顺差

资料来源：笔者根据联合国贸易与发展会议的 TRAINS 数据库整理而得。

三、农产品贸易结构比较集中

从中国与墨西哥两国农产品贸易结构上来说，笔者在收集整理了相关中国和墨西哥农产品进出口数据后，发现中国和墨西哥两国之间的农产品贸易主要集中在以活鱼（新鲜或冷冻），甲壳类动物、软体动物和水生无脊椎动物，食用水果以及坚果的进口为主；而在中国对墨西哥的农产品出口情况发现，中国对墨西哥的农产品出口相对来说还是比较丰富的，主要包括活鱼（新鲜或冷冻），甲壳类动物、软体动物和水生无脊椎动物，精制或腌制的鱼及水生无脊椎动物，蔬菜，食用蔬菜、根及块茎，果脯蜜饯和水果预制品，调味品等。具体如表7-1、表7-2所示。

表7-1 　　　　中国对墨西哥主要农产品种类的进口额 　　　　单位：千美元

农产品名称	进口额				
	2009年	2010年	2011年	2012年	2013年
活鱼（新鲜或冷冻）	3963	7170	14338	6237	4158
甲壳类动物、软体动物和水生无脊椎动物	12933	22875	86236	31192	38733
精制或腌制的鱼及水生无脊椎动物	736	2291	602	192	5005
谷物	4	15	193	375	1692
蔬菜	3	3	2	6	4
食用蔬菜、根及块茎	84	104	120	127	232
食用水果及坚果	7664	1938	6699	3964	19737
果脯蜜饯和水果预制品	238	1871	2915	1945	1074
糖、糖浆和蜂蜜	561	224	467	434	420
糕饼点心	29	56	116	214	386
巧克力及其他含可可的食品	7	124	110	724	840
调味料	3	5	1	0	0
配置的动物饲料	1588	5004	21515	47913	46094
杂项食品	879	1219	1437	1122	483
含油子仁及果实；杂项子仁及果实；工业用或药用植物；稻草、秸秆及饲料	329	218	260	272	255

资料来源：笔者根据联合国贸易与发展会议的TRAINS数据库整理而得。

表 7 - 2　　　　　中国对墨西哥主要农产品种类的出口额　　　　单位：千美元

农产品名称	出口额				
	2009 年	2010 年	2011 年	2012 年	2013 年
活鱼（新鲜或冷冻）	60131	121773	146123	128382	180128
甲壳类动物、软体动物和水生无脊椎动物	16921	21160	15900	17022	31637
精制或腌制的鱼及水生无脊椎动物	91625	111604	131356	128548	199122
谷物	214	330	506	600	527
蔬菜	11748	14176	17024	32659	14389
食用蔬菜、根及块茎	12344	11771	19778	16391	19021
食用水果及坚果	449	842	1742	3370	3366
果脯蜜饯和水果预制品	18107	25022	33521	33762	43376
糖、糖浆和蜂蜜	492	256	680	683	1212
糕饼点心	8363	11813	10610	9879	10993
巧克力及其他含可可的食品	781	3322	2270	1636	1963
调味料	39047	23112	33275	10118	8617
配置的动物饲料	6185	12931	24303	19005	13729
杂项食品	8421	10744	10280	12396	12110
含油子仁及果实；杂项子仁及果实；工业用或药用植物；稻草、秸秆及饲料	8385	11572	5287	5200	1763

资料来源：笔者根据联合国贸易与发展会议的 TRAINS 数据库整理而得。

第二节　中国与墨西哥农产品贸易竞争力分析

一、中国 - 墨西哥农产品竞争力指数

本部分旨在通过选用贸易竞争力指数来反映中国对于墨西哥的农产品贸易的竞争力，贸易竞争力指数也可以称之为 TC 指数，是在分析和估算两国

之间的国际竞争力时比较常用的一个衡量指标，它体现的是一国进出口贸易
的差额占进出口贸易总额的份额，计算公式如下：

$$TC\ 指数 = \frac{出口额 - 进口额}{出口额 + 进口额} \quad\quad (7-1)$$

式（7-1）中，当 TC 指数的值越靠近 0 就表示竞争力越接近于平均水
平，越靠近 1 就表示竞争力越大，越接近于 -1 就表示竞争力薄弱。

从表 7-3 的数据分析来看，中国对墨西哥的农产品贸易竞争力指数均大
于 0.5，表示中国对于墨西哥的农产品贸易竞争力相对还是比较大的，处于
一种优势地位，但通过表 7-3 我们也不难发现，在 2011 年中国对墨西哥的
农产品贸易竞争力较前两年有较大幅度的下降，在 2012 年开始缓慢上升，不
过总体上，中国在对墨西哥的农产品贸易进出口过程中相对还是具有一定的
竞争力。

表 7-3　　　　　2009~2013 年中国对墨西哥农产品贸易竞争力指数

项目	2009 年	2010 年	2011 年	2012 年	2013 年
贸易竞争力指数	0.74	0.76	0.53	0.60	0.61

资料来源：笔者根据联合国贸易与发展会议的 TRAINS 数据库整理而得。

二、中国-墨西哥农产品贸易强度

笔者采用贸易强度指数（TII）来分析中国和墨西哥之间的农产品贸易强
度，该指数可以用公式表示为：

$$TII_i = \frac{X_{ij}/X_{iw}}{M_{jw}/(M_w - M_{iw})} \quad\quad (7-2)$$

在式（7-2）中，TII_i 表示 i 国的贸易强度，X_{ij} 和 X_{iw} 分别表示 i 国对 j 国
与世界 W 的出口量，M_{iw} 和 M_{jw} 分别表示 i 国与 j 国从世界 W 的进口量，M_w 表
示世界 W 的总进口量。如果贸易强度指数（TII）大于 1，表明 i 国对 j 国的
出口水平大于 i 国对世界市场 W 的平均出口水平，即 j 国市场对 i 国而言较为
重要（黄春全等，2013）。

表 7 - 4　　　　　　2009 ~ 2013 年中国与墨西哥两国农产品贸易的 TII

农产品名称	2009 年	2010 年	2011 年	2012 年	2013 年
活鱼（新鲜或冷冻）	2.91	3.56	3.95	4.23	3.32
甲壳类动物、软体动物和水生无脊椎动物	3.24	2.83	2.00	2.12	1.49
精制或腌制的鱼及水生无脊椎动物	5.39	4.29	4.12	4.84	4.18
谷物	0.02	0.02	0.02	0.07	0.08
蔬菜	0.33	0.33	0.43	0.65	0.39
食用蔬菜、根及块茎	0.30	0.21	0.28	0.27	0.24
食用水果及坚果	0.02	0.04	0.07	0.10	0.08
果脯蜜饯和水果预制品	0.70	0.84	0.82	0.79	0.88
糖、糖浆和蜂蜜	0.05	0.01	0.03	0.03	0.06
糕饼点心	1.59	1.65	1.29	1.22	1.16
巧克力及其他含可可的食品	0.64	1.78	0.64	0.38	0.41
调味料	2.52	1.49	2.01	0.98	0.64
配置的动物饲料	0.17	0.37	0.57	0.31	0.26
杂项食品	0.23	0.26	0.22	0.23	0.21
含油子仁及果实；杂项子仁及果实；工业用或药用植物；稻草、秸秆及饲料	0.18	0.24	0.10	0.12	0.03

资料来源：笔者根据联合国贸易与发展会议的 TRAINS 数据库整理而得。

从表 7 - 4 中我们可以看出，在中国向墨西哥出口的农产品中，贸易强度指数较高的主要有活鱼，甲壳类动物、软体动物和水生无脊椎动物，精制或腌制的鱼及无脊椎动物，以及糕饼点心和调味料等。对于这些农产品，中国对于墨西哥的出口水平大于中国对世界市场的平均出口水平，也就意味着墨西哥市场对中国而言还是较为重要的。

三、中国 - 墨西哥农产品贸易显示性比较优势

比较优势是贸易双方交易产生的一个十分重要的先决条件，中国和墨西哥由于一些客观条件上的差异，在不同的农产品上会各有比较优势或劣势。显示性比较优势（RCA）的计算公式如下：

$$RCA_{ij} = \frac{X_{iw}^k / X_{iw}^t}{X_{ww}^k / X_{ww}^t} \qquad (7-3)$$

其中，X_{iw}^k表示国家i产品k的出口额，X_{iw}^t表示国家i的出口总额，X_{ww}^k表示产品k的世界出口额，X_{ww}^t表示世界出口总额。一般认为，如果$RCA > 2.5$，则表明i国在k产品上具有极强的竞争优势；如果$1.25 \leq RCA \leq 2.5$，则具有较强的竞争优势；如果$0.8 \leq RCA \leq 1.25$，则具有中等竞争优势；如果$RCA < 0.8$，表明竞争力较弱（刘春鹏等，2017）。

从表7-5统计数据中我们发现，中国在对墨西哥的农产品贸易中具有较强的竞争优势的农产品主要是精制或腌制的鱼及水生无脊椎动物，食用蔬菜、根及块茎，果脯蜜饯和水果预制品以及调味料。具有中等竞争优势的农产品主要是活鱼（新鲜或冷冻），甲壳类动物、软体动物和水生无脊椎动物，蔬菜。竞争力比较薄弱的农产品主要是谷物，食用水果及坚果，糖、糖浆和蜂蜜，糕饼点心，巧克力及其他含可可的食品，配置的动物饲料，杂项食品，含油子仁及果实，杂项子仁及果实，工业用或药用植物，动、植物蜡等。

表7-5　　　　　2009~2013 年中国农产品的贸易 RCA 指数

农产品名称	2009 年	2010 年	2011 年	2012 年	2013 年
活鱼（新鲜或冷冻）	1.07	1.08	1.17	1.09	1.01
甲壳类动物、软体动物和水生无脊椎动物	0.96	1.01	1.05	1.07	1.06
精制或腌制的鱼及水生无脊椎动物	1.87	2.03	2.27	2.25	2.10
谷物	0.25	0.32	0.32	0.18	0.14
蔬菜	0.89	1.03	1.03	0.89	0.78
食用蔬菜、根及块茎	1.45	1.72	1.89	1.58	1.65
食用水果及坚果	0.34	0.31	0.32	0.34	0.34
果脯蜜饯和水果预制品	1.37	1.40	1.45	1.41	1.29
糖、糖浆和蜂蜜	0.18	0.19	0.18	0.17	0.19
糕饼点心	0.65	0.71	0.75	0.72	0.70
巧克力及其他含可可的食品	0.04	0.05	0.08	0.088	0.09
调味料	1.29	1.25	1.01	0.75	0.78
配置的动物饲料	0.34	0.32	0.29	0.35	0.28

续表

农产品名称	2009 年	2010 年	2011 年	2012 年	2013 年
杂项食品	0.39	0.39	0.42	0.41	0.38
含油子仁及果实；杂项子仁及果实；工业用或药用植物；稻草、秸秆及饲料	0.15	0.11	0.11	0.11	0.09

资料来源：笔者根据联合国贸易与发展会议的 TRAINS 数据库整理而得。

第三节　中国与墨西哥农产品贸易结合度分析

笔者采用贸易结合度来衡量中国对墨西哥的出口占中国出口总额的比重，与墨西哥进口总额占世界进口总额的比重之比，贸易结合度最早是由经济学家布朗提出的，之后经过日本学者小岛清等人进一步的研究与完善，明确了双边贸易结合度在统计学和经济学上的某种意义。笔者用它来反映中国与墨西哥在农产品贸易往来中的互相依存程度，双边贸易结合度数值越大，就表明中国与墨西哥在农产品贸易方面的联系越密切。贸易结合度指数是用来衡量两国在贸易方面相互依存度的一个比较综合性的指标，用公式可以表示为：

$$TI_{ab} = \frac{X_{ab}/X_a}{M_b/M_w} \qquad (7-4)$$

其中，TI_{ab} 表示 a、b 两国的农产品贸易结合度，X_{ab} 表示 a 国对 b 国农产品出口贸易额，X_a 表示 a 国农产品出口总额，M_b 表示 b 国农产品进口总额，M_w 表示全球农产品进口总额。$TI_{ab} > 1$，表明两国农产品贸易联系紧密，TI_{ab} 值越大，表明两国农产品贸易关系越紧密，$TI_{ab} < 1$，则表明两国农产品贸易联系不紧密。

通过表 7-6 整理计算后可以看出，中国与墨西哥的农产品贸易联系不是很紧密。中国和墨西哥的农产品贸易其实存在着比较大的发展空间，尤其是 2012~2013 年，中国和墨西哥的农产品贸易结合度水平有着比较明显的增长。

表 7 - 6　　　　2009 ~ 2013 年中国与墨西哥农产品贸易结合度水平

年份	2009	2010	2011	2012	2013
TI 指数	0.51	0.54	0.5	0.48	0.56

资料来源：笔者根据联合国贸易与发展会议的 TRAINS 数据库整理而得。

第四节　中国与墨西哥农产品贸易存在的问题

一、贸易失衡越来越严重

中国和墨西哥两国之间的农产品贸易失衡情况相当严重，贸易地位显示出强烈的不对等状态。中国是一个农业大国，并且近些年来随着国内需求的不断扩大，中国向墨西哥的农产品进口数额也在稳步增长。但是结合上文我们对中国与墨西哥两国的农产品贸易进出口现状的分析不难发现，在中国与墨西哥两国之间的农产品贸易中，中国一直处于明显的贸易顺差地位，也就是中国对墨西哥的农产品出口总额大于中国对墨西哥农产品的进口总额。这一现象表示中国一定程度上在和墨西哥的农产品对外贸易上处于相对有利的地位。但是，在上文中我们也能看出，中国对墨西哥农产品贸易顺差的数额也呈现出逐年增长的态势。从两国长期合作的角度上出发，这样的现象显然是不利于中墨两国今后的农产品贸易的发展，因为过高的贸易顺差，也意味着经济的增长对外依存度过高。

二、贸易竞争优势不明显

从上文的竞争力分析中，我们发现，中国在对墨西哥的农产品贸易中，没有具备极强竞争优势的农产品，具有较强竞争优势的农产品有三章，具有中等竞争优势的农产品有四章，有八章农产品竞争力比较薄弱。所以，如何促进中国与墨西哥农产品贸易的紧密联系和提高中国农产品在墨西哥市场的竞争力，也是两国贸易过程中有待解决的问题。

三、农产品贸易结合度较低

结合中国与墨西哥两国的农产品贸易指数的数据，我们从中看出，中国与墨西哥的农产品贸易结合度不高，两国的农产品贸易联系有着巨大的进步空间；并且，中国是一个巨大的农产品贸易市场，墨西哥也是一个以农业生产为主的发展中国家，加强两国的农产品之间的贸易联系，对促进两国今后的经济发展有着重要的意义。

四、贸易壁垒增加

中国与墨西哥的农产品贸易中存在的最大的贸易壁垒问题就是关税。墨西哥对进口农产品的高关税问题一直是影响两国的农产品贸易进一步发展的重要原因，中国部分农产品出口到了墨西哥之后，由于关税加大了农产品的进口成本，也会削弱进口商品同其国内其他同类商品的竞争力，使得中国对墨西哥的农产品贸易出口受到了较大程度的限制；而这样也可以起到保护墨西哥国内农产品产业的发展，也在一定程度上阻碍了中国高附加值农产品加工业的发展，影响了中国与墨西哥两国之间农产品贸易的更进一步发展。

第五节　促进中国与墨西哥农产品贸易的对策建议

笔者利用2009～2013年中国与墨西哥两国农产品贸易的相关数据，计算两国之间的农产品贸易强度指数和显示性比较优势指数，以及贸易结合度指数，分析两国的贸易竞争力和贸易结合度，在此基础上，总结两国在农产品贸易中所存在问题；根据以上的数据分析，结合对当前两国经济的发展形态的认知，提出以下几点相应的促进两国贸易更好地发展的对策建议。

第一，不断推动我国农产品竞争力的提升。中国要注重对农产品出口产品的深加工，树立一定的出口品牌意识，大力发展农产品的加工业，推动农产品出口模式的转型和升级，这也是提高我国农产品对外贸易出口竞争力的途径之一。出口品牌的建立所带来的商业利益是不可小觑的，一旦形成强大的出口品牌，将大大提升我国农产品在国际上的竞争力，出口产品深加工也可以更大程度地提高我国出口农产品的附加值，从而提高我们出口企业的经济利益。近些年来，加工食品在农产品贸易中所占到的比例不断加大，各个国家对进口食品质量和品牌的要求都更为严格和关切，中国出口到墨西哥的农产品势必要和美国在墨西哥这个市场上进行一番较量。所以，提高农产品的生产技术，树立有公信力的出口品牌在今后的农产品国际贸易竞争中显得尤为重要，这样可以扩大中国农产品的对外出口，也将有利于解决中国的就业问题和提高人们的收入。

第二，努力促进中国与墨西哥贸易自由化。通过签订自由贸易协定可以实现对中国与墨西哥两国的现有资源的高效配置和有效利用，相互取消部分货物的关税或非关税壁垒。上文提到过，墨西哥的高关税同样是影响着中墨两国的农产品贸易的一个有待解决的主要问题，通过实现中国与墨西哥两国的贸易自由化，可以在一定程度上很好地扭转这种状态，实现两国之间生产要素的自由流动，实现两国的农产品贸易优势互补；并且伴随着中国和墨西哥两国之间的农产品贸易往来逐渐增多，贸易联系更加紧密，也可以在一定程度上提高两国内民族产业的竞争力，促进中国与墨西哥两国之间农产品贸易的长期友好的合作和发展。

第三，加强中国与墨西哥的沟通与交流。从上文的贸易结合度指数分析，我们发现，中国与墨西哥两国的农产品贸易发展潜力大，而维持良好的政治关系是国与国之间贸易往来和经济发展的重要保证。为了更进一步地促进中国与墨西哥之间的农产品贸易往来，加强中国与墨西哥两国之间的沟通和交流，可以通过为两国农产品进出口贸易搭建平台（例如举办中国 – 墨西哥农产品展销会），促进两国在农产品文化形式上的交流，同时拉近两国今后农产品贸易往来的关系。同时，中国和墨西哥两国也都应该为这种促进两国长期友好往来的活动提供信息和便利，努力促进和扩大双方农产品贸易的深度和广度，使得双方都能够从这种合作交流的过程中获得利益。

第四，转变农业经营模式，提高农业生产效率，节约农业生产成本。中国农产品出口模式的改变需要农业生产模式的配合，生产和出口深加工食品，必须要形成更为高效的农业生产链，而目前中国农业的经营模式达不到对农业生产高效率的要求，所以推动农村经营制度的改革是一个有待解决的问题。这一点就必须由政府出面进行推动。政府需要提出更为有效的农业政策，加大对农业的扶持力度，提高对农业的基础设施建设，扩大对农业资金的投入和对农民的补贴，扩大对农业技术的科研项目的投资，提高农业领域的生产技术的创新力。只有这样，才能从根本上转变当前中国的低效率低收益的农业经营模式，真正地提高我国的农业生产效率，使得我国在今后与墨西哥的农产品贸易中更具有竞争力，获取更高的经济利益。

第三篇

产品视角

第八章

智利水果在中国市场的竞争力分析

第一节 智利水果在中国市场的
发展概况

一、贸易总量及地位

据联合国统计署的统计，2000 年中国自智利进口水果的贸易总额为 0.16 亿美元，同年，中国自世界各国进口的水果贸易总额为 3.68 亿美元，来自智利的水果占比达 4.46%，智利是中国第八大水果进口来源地。同期，中国为智利全球第 19 的出口市场，出口中国的水果占智利总出口的 1.13%。2000～2005 年，中国自智利进口的水果贸易总额年均增速为 31.66%，但是由于基数过小，水果贸易总体发展较慢。2006 年首次出现负增长，贸易总额为 0.62 亿美元，增速为负的 10.89%。2006 年开始，中国自贸区关税的正面效果逐渐显露，中国从智利进口水果的贸易额开始迈入长期快速增长阶段，2007～2010 年，中国从智利进口水果的年均增速达 62.62%。2008 年中国从智利的水果进口额超过了 1 亿美元，到 2012 年，智利则超过美国，成为中国第二大水果进口来源地。2013～2016 年智利水果出口中国的贸易总额在迈入 6 亿美元后仍保持年均 24.23% 的高速发展，并于 2016 年度首次超过泰国成为中国第一大水果贸易进口来源地，水果贸易总额达 12.11 亿美元，占比 20.64%（郑国富，2019）。2017 年，两国间水果贸易骤然下跌，下跌幅度达 15.02%，此次为自 2000 年开始两国水果贸易出现的第二次下跌，下跌幅度大于 2006 年的 10.89%，智利再次成为仅次于泰国的中国第二大水果贸易来源地。2018 年，中国从智利的水果进口又迎来高速发展，贸易总额增速达 67.21%；与此同时，对中国的水果出口占智利水果出口总额的 18.55%，中国成为智利的第二大出口市场，位居美国（占比 29.74%）之后（见图 8-1）。

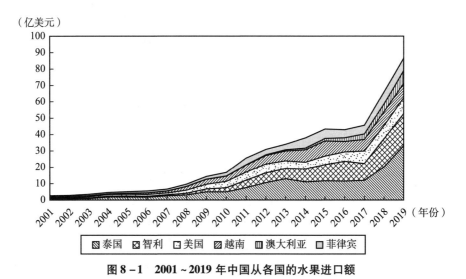

图 8-1　2001～2019 年中国从各国的水果进口额

资料来源：UN Comtrade。

二、产品种类及商品结构

2000 年，中国从智利进口最多的水果是 HS0806（鲜或干的葡萄）编码下的水果，其贸易总额为 15.6 百万美元，占同年两国水果贸易总额的 95.38%。其次为 HS0808（鲜的苹果、梨及榅桲）编码下的水果，占该年两国水果贸

易总额的 2.56%。2007 年，伴随着中国自贸区关税效应的显露，HS0809
[鲜的杏、樱桃、桃（包括油桃）、梅及李]进口额剧增，较 2006 年的 10.99
万美元增至 11014.7 万美元。

从图 8-2 中我们可以清楚地看出，2015~2017 年，在中国从智利进口
的所有水果品类中，HS0809 长期保持第一的位置，HS0806 位居第二。在中
国和智利的两国水果贸易中除 HS0806 和 HS0809 这两个主要的品类外，其他
品类水果进口额所占比例均比较低。值得注意的是，HS0804 和 HS081 这两
个品类为近两年新增的进口品类，从中可以看出我国从智利进口的鲜果品类
较以往更为丰富。

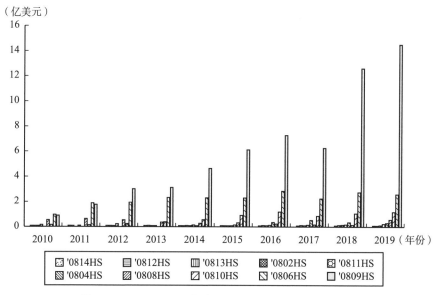

图 8-2　2010~2019 年中国进口智利水果的进口结构

资料来源：UN Comtrade。

除此之外，从联合国贸易数据库（以 6 位数字为基准，智利为 reporter）的
检索结果看，2018 年智利出口到中国的水果主要包括 16 个品种（见表 8-1）。
其中，HS080929（鲜樱桃）居首位，出口额为 9.53 亿美元，同年智利向中
国出口的水果贸易总额为 14.13 亿美元，HS080929 的出口额占同年智利出口
到中国水果总额的 67.5%。从图 8-2 中我们也可以看出，自 2015 年起

HS080929 所处品类 HS0809 长期处于中国自智利水果进口额的榜首。

表 8-1　联合国统计署贸易数据库（UN Comtrade）的水果分类（HS 代码）

HS 代码	商品名称
0801	鲜或干的椰子、巴西果及腰果，不论是否去壳或去皮
0802	鲜或干的其他坚果，不论是否去壳或去皮
0803	鲜或干的香蕉，包括芭蕉
0804	鲜或干的椰枣、无花果、菠萝、鳄梨*、番石榴、杧果及山竹果
0805	鲜或干的柑橘属水果
0806	鲜或干的葡萄
0807	鲜的甜瓜（包括西瓜）及木瓜
0808	鲜的苹果、梨及榅桲
0809	鲜的杏、樱桃、桃（包括油桃）、梅及李
0810	其他鲜果
0811	冷冻水果及坚果，不论是否蒸煮、加糖或其他甜物质
0812	暂时保藏（如使用二氧化硫气体、盐水、亚硫酸水或其他防腐液）的水果及坚果，但不适于直接食用的
0813	品目 0801~0806 以外的干果；本章的什锦坚果或干果
0814	柑橘属水果或甜瓜（包括西瓜）的果皮，鲜、冻、干或用盐水、亚硫酸水或其他防腐液暂时保藏的

注：*鳄梨，生活中一般称为牛油果。

2012 年，智利对中国的鲜果出口总额达 3.8 亿美元，同年智利水果对全球出口总额达 48.25 亿美元，中国超过荷兰成为智利第二大水果出口市场，占智利水果出口总额的 7.89%，该比例较上年同期增长 102.08%。智利销往中国的水果主要品类有樱桃、鲜食葡萄、李子、油桃、猕猴桃、鳄梨（牛油果）、苹果和蓝莓。泰国自 2004 年起长期占据中国第一大鲜果供应国地位，2018 年中国自泰国的水果进口额达 20.21 亿美元，位列第三、第四和第五位的分别是越南、美国和菲律宾。此外中国水果市场的主要鲜果供应国还包括澳大利亚、新西兰、南非、秘鲁和厄瓜多尔等。

第二节　智利水果出口中国的竞争力分析

智利水果产业的发展模式值得中国水果产业借鉴和学习，本部分基于波特的钻石模型对智利水果产业的竞争力进行分析。

一、智利当地水果生产要素分析

（一）优越的地理和气候条件

智利位于南美洲大陆的西南部，安第斯山脉与海岸山脉之间的狭长地带，南北跨越 38 个纬度，被誉为世界上地形最狭长的国家。智利的北部地区为沙漠地带，终年没有雨水，但远处雪山融化后的雪水源源不断，除此之外，此地光照充足，昼夜温差大，有利于水果糖分的积累，因此智利产的水果大都极为甜美。

智利的气候类型可根据地理位置分为三个明显不同的气候：北部的沙漠气候，干旱无雨，为鲜食葡萄的重要产地。中部的亚热带地中海型气候，冬季多雨，夏季干燥，为车厘子、油桃等核果类水果的种植地；由于此地冬季经常降雪，所有的果树都会被积雪覆盖，能够冻死多数病虫，这也成了该地水果生产的一大优势，减少了该地农药的使用，使其水果生产更为健康。南部的温带海洋性气候，土地肥沃，盛产樱桃，是智利樱桃的主要产区。

（二）天然的保护屏障

智利的四周有着天然的保护屏障，可以保护智利全境，使其减少外来害虫和疾病入侵的可能性。北面是阿塔卡马沙漠，极其干旱；东面是安第斯山脉，常年积雪；西面是太平洋；南面是南极。这些天然屏障可以降低农业病虫害对智利的冲击，对农产品，尤其是高质量农产品的生产非常有利。

（三）季节上的差异

由于智利位于南半球，它的水果产品可以抓住季节上的反差，满足位于北半球的主要消费者的需求。同时,其狭长的地形地貌特征,可以利用气候的多样性,确保一年当中能较长时间生产并出口水果类农产品。

二、中国市场对智利水果的需求分析

(一)收入水平提高带动水果消费需求上涨

智利对中国的水果出口之所以能够较快地提高,原因之一在于中国消费者体现出的不断扩大的消费需求。而需求上涨的背后,是中国人民收入水平的提高。目前中国中等收入阶层人群持续增加,人民的收入水平日益提高,人均可支配收入水平也逐年上涨。从中国国家统计局的数据来看,2013~2018年,我国人均可支配收入已从18311元/人上升至28228元/人,年均增长率高达11%(见图8-3)。自2000年起,中国市场对水果的进口需求翻了将近9倍,年均增长率高达44.66%(见图8-4)。目前,随着中国居民收入水平的不断提高,市场对高品质水果的需求仍将持续增加。在这种需求面前,智利无疑是一个极佳的供应商。

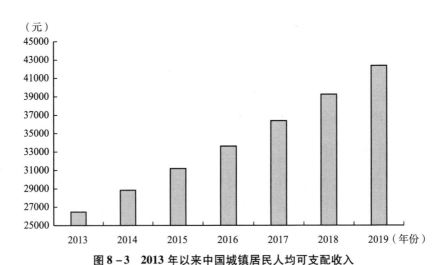

图8-3 2013年以来中国城镇居民人均可支配收入

资料来源:中国国家统计局。

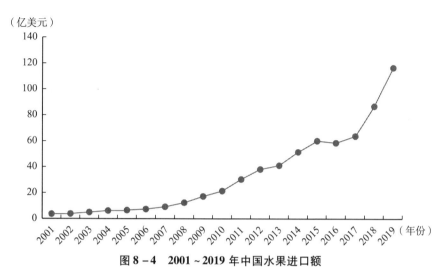

图 8 - 4　2001～2019 年中国水果进口额

资料来源：UN Comtrade。

（二）内陆市场有待继续开发

目前中国的一、二线城市的市场已呈现饱和趋势，很难再有快速的增长。而在三、四线城市，随着城乡居民收入水平提高，对于水果的消费需求也将增多，所以三、四线城市的水果需求会越来越大，水果零售市场还有很大的增长空间。根据水果零售巨头百果园发布的《2018 百果园春节水果消费报告》显示，水果消费最具潜力的五大城市令人颇感意外，广东梅州以增长率319.9%问鼎榜首，河南信阳（231.2%）、江西九江（191.5%）、海南琼海（148.9%）、广东河源（140.8%）紧随其后。大润发华东地区门店的数据显示，2019 年，中国三、四线城市车厘子的整体销量，同比增长 37%；其中，JJ 规格的车厘子，销量增幅高达 330%。来自天猫的数据则显示，三、四线城市人群购买智利车厘子的增加比例远高于一线城市。这一趋势也表明三、四线城市的消费能力已不可忽视，消费观念的转变、对品质的追求已是全国范围内的普遍现象。

（三）关税减免增加消费需求

中国－智利自由贸易区升级谈判于 2017 年达成协议，双方对超过 97%的产品实施零关税，车厘子就是实现零关税的产品之一。依据不同的品种和规格，2018 年年末车厘子的价格较 2017 年同期下降了 30% ~ 50% 。伴随着车厘子价格的下降，中国市场对车厘子的需求大大提高。目前，除一线城市外，三、四线城市对智利进口的车厘子的需求量也与日俱增，增幅远超过一、二线城市。综上所述，车厘子已从以往普通人难以接受的天价水果变成了价格可接受的高端水果。

（四）年轻一代消费习惯的养成

车厘子近几年爆红的背后一个不可忽视的因素是年轻一代消费习惯的养成。这是一个循序渐进的过程。目前中国的"80 后"和"90 后"正逐渐成为水果市场的消费主体。这类群体具有以下特征：对高端水果产品的认可度较高，可支配收入的提高，对外来新鲜事物接受速度较快等。加上目前销售途径的多元化，比如线上销售模式成熟而发达，极大促进了智利进口水果销售总额的快速增长。

三、企业战略、结构和同业竞争

（一）水果企业全产业链布局

智利的水果产业与其他大多数国家的水果产业不同的是，智利的水果行业已经形成大公司模式。这些大公司旗下会有众多分布在不同地区的种植基地，基地附近就会建设分选包装厂和冷链设施。这些水果行业的大公司会包办从水果的生产、采集、包装、物流以及后续的销售等全套的生产销售过程。在水果的生产方面，这些大企业会制定相应的水果生产标准和流程，从而保证果品的质量。而且公司有专门的出口销售部门，保证生产出来的产品可以销售出去。所以，智利水果生产企业是集种植、初加工、品牌和销售为一体的全产业链布局公司。

（二）同业竞争

除智利外，中国水果进口的主要进口源地为美国、泰国、菲律宾、越南以及澳大利亚。在这些国家中，美国由于地处北半球，美国生产的樱桃销售到中国的时间与智利产的樱桃销售到中国的时间恰好错开，从而两国之间的车厘子贸易不构成竞争关系。泰国是中国长期以来的水果进口总额第一的国家，泰国出口到中国的水果产品以热带水果为主，泰国生产的水果与智利生产的水果也不构成直接的竞争关系。智利水果在中国市场的主要竞争来自澳大利亚和新西兰。这三个同样处于南半球的国家都与中国签署了自贸区协定且都能向中国市场提供反季节水果。因为这三个国家和中国水果贸易往来在产品特性上具有很大的相似性，三个国家在中国水果市场的竞争十分突出。

四、政府

（一）加强对入境口岸的管控

在病虫预防方面，智利除了拥有天然优势，智利政府通过直属农业部的农业和畜牧局（SAG）实施动植物健康保护的举措。SAG 在边境口岸、港口和机场等外来物种和疾病可能入侵的场所进行严格检查，防止对本国农业可能产生不良影响的任何生物进入国境，以确保农产品的质量安全。

（二）自贸协定促进对水果贸易的带动作用

中国与智利的自贸协定对促进两国间的水果贸易发挥了巨大的作用。2005 年 11 月，中国和智利签署《中国－智利自由贸易协定》，并于 2006 年 10 月 1 日开始实施，这是中国对外签署的第二个自贸协定。2016 年 11 月，中智双方启动自贸协定升级谈判，并于 2017 年 11 月签署《议定书》。在中国市场不断增加的巨大需求面前，智利无疑成为一个极佳的供应商。智利水果对中国的出口从 2007 年的 0.67 亿美元增长到 2018 年的 12.62 亿美元，增长了将近 19 倍。联合国统计署统计数据显示，2007 年智利对中国的水果出口量还不到智利总出口量的 2%，然而到 2018 年时，这个百分比已经上升至 22.28%。如今，中国与智利自贸协定的货物贸易关税减让已经执行完成，中国与智利双边进出口中 97% 以上的产品实现了"零关税"。这一系列的关税减免政策，也使得两国货物的市场进入壁垒逐渐减弱，智利进口的水果在中国市场的价格也逐年下降，增加了中国人民对智利水果的需求。

第三节 智利水果出口中国存在的问题

一、内部问题

（一）气候问题

智利的气候条件对于水果种植业来说无疑是具有优势的，但是难以预测的气候及天气变化也对智利的水果种植及出口产业有着很大的影响。

例如，2016 年，由于智利春夏温度较低，加之四月的暴雨影响，导致鲜食葡萄产量走低，苹果总产量也降至 75 万吨。2018 年 11 月发生在智利中南部的大面积冰雹和强降雨给水果采收带来了重大影响。受影响的水果主要有樱桃、蓝莓、李子、葡萄、苹果等。智利的水果出口商协会（ASOEX）表示，估计樱桃出口将会因此减少 5%，即 9000 吨。2018～2019 年度，尽管樱桃行业产量创历史新高，达到了 20.9 万吨，但智利樱桃委员会表示原始数量甚至更高，达到了 22 万吨，但是霜冻使得产量下降了。

2019 年，智利的水果产业及出口贸易面临的一大气候问题就是大干旱。智利农业部确认，2019 年是智利 60 年来最干旱的年份之一。据智利气象局数据统计，首都圣地亚哥冬季降水量仅为 59.2 毫米。智利基金会的一项研究发现，智利受干旱影响的地表范围达 76%。根据来自智利媒体（Blue Book Services）的报道，由于干旱和种植面积下降，智利 2019～2020 年产季的落叶水果出口小幅下降。从具体产品来看，2019～2020 年，智利主要落叶果品种中，食用葡萄的出口总额将下降 3%，苹果的出口下降 7%，梨的出口下降 10%。干旱是导致产量下降的主要原因，特别是近年来高附加值的车厘子出口增长，不少地区都将宝贵的水资源用于车厘子果园，这也加剧干旱对落叶果的影响。以食用葡萄为例，由于全国各地的干旱，食用葡萄产量及出口总量将下降，智利 2019～2020 年的葡萄出口总量预计为 64 万吨，低于 2018～2019 年产季的 66 万吨。随着出口商将推广资金和营销努力集中在中国市场，智利希望对中国的葡萄出口也能摆脱低迷状态，重新进入上升轨道。

（二）运输问题

智利水果 80% 左右通过海运到达中国，其余通过空运。在海运方面，作为水果出口产业的一环，智利的水果冷链保鲜技术目前比较完善。然而，目前仍有其他因素影响着智利出口水果的运输。

第一是集装箱短缺问题。2018 年，智利水果出口业面临集装箱方面短缺的困难。水果出口商协会 ASOEX 表示，因为智利邻近国家秘鲁以及厄瓜多尔的水果出口量大增，造成了集装箱使用量上涨。除此之外，智利水果种植者协会指出，全球领先的物流及运输集团马士基关闭了智利的集装箱工厂也对集装箱供应量造成了影响。智利水果业目前将水果放置在集装箱上的份额达 70%，而其余的 30% 则放置在包租船上。如果集装箱短缺的情况继续恶化，可能会导致水果出口等待的时间更长，这对于智利水果业会造成非常不利的影响。集装箱数量不足，也可造成智利当地水果行业使用更多未经适当认证，或是陈旧且不适合出口的集装箱。智利的冷藏集装箱供应一直有限，这些集装箱不间断地使用，经常很快就出现磨损。业内人士透露，很大比率的集装箱没有预检测试，如果不能保持正确的温度或允许适量的空气流动，会导致水果损坏。对于呼吸频率高的水果，如樱桃和蓝莓，其损坏水平可能会更高。

第二是港口罢工问题。2018 年 11 月，智利瓦尔帕莱索港（Valparaiso）码头工人罢工，造成水果发运量同比减少 95%，仅发运 3006 吨。由于瓦尔帕莱索港的罢工，智利另一主要港口圣安东尼奥港（San Antonio）水果发运量比 2017 年同期激增近 10 倍，集中了全国 70% 的水果装船发运量。当时智利正在进入蓝莓和樱桃的发运高峰期，罢工造成进口商按时收到水果的不确定性增加，影响了水果出口效率。2019 年 10 月，智利车厘子出口季刚刚拉开帷幕，却被突如其来的国内暴力冲突打乱了脚步。为响应因公交系统涨价所引发的暴力抗议活动，智利港口系统陆续加入了罢工行列，包括瓦尔帕莱索、圣安东尼奥港等 20 余个港口参与其中，对智利产品出口，特别是新鲜水果出口带来了不同程度影响。据预测，至 2019 年底，示威活动加上中美贸易战的影响，将导致处理智利 60% 以上外贸的圣安东尼奥港和瓦尔帕莱索港两大港口的货运量大幅下降。此前预计的 2019 年圣安东尼奥港 190 万个标准货柜（20 英尺标准集装箱）的吞吐量将减少 13%，降至 165 万柜。智利国内接连暴发的暴力抗议活动，为该国的出口秩序蒙上了不确定的阴影。

（三）出口产品的加工程度不高

智利向中国出口的水果以鲜果类为主，与中国市场上来自越南和泰国的水果相比，加工程度不高，附加值尚未得到体现，没有能够提升产品该有的价值。

二、外部问题

（一）其他水果出口国家的竞争

中国水果市场广阔，利润可观，许多国家都在争取占据更大的市场份额。据中国海关统计，2018年越南是中国第一大水果进口来源地，其次为菲律宾、泰国和智利。2019年上半年，水果进口额前三位国家是泰国、智利、越南。在中美贸易摩擦背景下，不少国家都想填补由美国进口水果减少造成的市场空缺，这无疑会对智利水果出口到中国市场带来挑战。

泰国、马来西亚、越南和菲律宾等东盟水果出口大国正在争夺中国水果市场。中国从越南进口水果种类已达9种，从马来西亚进口的水果种类已达10种。泰国商务部和海关发布数据显示，目前泰国水果对华出口形势喜人，中国是泰国水果第一大出口目的地。东盟国家的水果深受中国消费者青睐，中国-东盟自贸区建设也有力促进了东盟国家对华水果出口。

中国已成为智利车厘子出口的最大市场，2018～2019年度，智利车厘子出口92.3%销往亚洲，其中中国占了95%的量，占总出货量的88%。在中国冬季车厘子消费市场上，智利车厘子占据了主导地位，但在高端车厘子消费市场上，同时间段的新西兰车厘子及澳大利亚车厘子是智利车厘子的竞争对手。新西兰及澳大利亚出口的车厘子多采用空运进行运输，出口量远少于智利车厘子，是中国市场上较为高端的车厘子，目前售卖规格以礼盒装为主，满足高端消费人群的需求。智利车厘子多采用海运方式出口到中国市场，在新鲜度等方面略逊于这两国的车厘子。在抢占高端车厘子市场份额方面，这两国是智利的对手。

（二）中国水果进口需求的变化

2019 年，中国国内经济环境整体表现欠佳，民众对于水果类的消费意愿下滑，这可能会成为智利水果在中国市场上遭遇的挑战之一。并且，中国在质量方面是一个非常苛刻的出口市场，中国消费者渴望高品质的、安全有机的、知名品牌或者高价值的水果。生活水平的提高、膳食结构的改善、消费观念的改变，使得消费者越来越重视水果食用品质，质量安全状况成为水果消费的重要影响因素。例如，在中国，销售得较为成功的智利苹果都是高端品种，以质而不以量取胜。虽然从大趋势来看中国进口的苹果数量正日益增多，但中国市场在进口水果方面依然只会接受品质最好的果子。为此，通过技术提高果实直径、改善产品质量是十分关键的。以智利柑橘为例，它未来在中国市场面临的挑战将是如何提高产品质量，如何增加果实直径、去除果核来战胜同在中国市场上竞争的果实直径大一些的秘鲁柑橘。

第四节　推动智利水果对中国出口的政策建议

第一，针对气候问题，增加在基础设施上的投资，以保证水果的正常生产。积极提高种植培养技术，增强各类品种抵抗恶劣气候的能力，引进或研发抗恶劣天气的新品种。

第二，针对运输问题，可考虑增设航班与航线，降低物流费用。可通过与中国水果进口公司的合作，积极寻找新的集装箱供应商，提高运输效率，保证运输质量。

第三，针对出口产品以初级产品为主，可通过加大在价值链中引入增值处理的力度，强化最终产品的质量：灌溉技术、可追溯性系统、生物技术安全、生物肥料、保存设备、环境与品质控制设备与系统、产品脱水与冷冻处理车间、果浆、果汁、浓缩液及罐装水果、包装、垃圾处理等，出口水果加工产品。

第四，面对其他水果出口国家的竞争及消费者的需求变化，智利可提高优质及高价品种的种植比例，如有机作物、樱桃、红苹果、红提葡萄与猕猴桃。通过从外国引进、生物工程、专利及育苗技术等，引进或研发新型优质及高价品种，提高各类水果的竞争力。

| 第九章 |
阿根廷与中国蜂蜜的国际竞争力对比

第一节　研究的背景与意义

蜂蜜作为一种既可食用又可美容养颜的天然滋养食品，自古以来就受到广大消费者的青睐，更被广大公众和社会各界所关注。中国蜂业的发展历史悠久，作为蜂蜜出口大国，面对日渐复杂的国际形势，愈加严苛的贸易壁垒，如何维护出口大国地位，保持和推动本国蜂蜜国际竞争力的上升至为关键。而从另一层面上讲，作为传统特色产业，蜂业集经济效益、社会效益和生态效益于一体，对现代农业发展具有重要意义。蜂蜜的贸易状况将会直接影响中国广大蜂农的收入、就业和蜂业的可持续发展，进而影响中国农村经济的发展和现代化进程。

随着世界蜂业的持续发展壮大，贸易自由化和经济一体化进程的快速发展，蜂蜜贸易在国际市场上的竞争显得更为激烈。自2001年中国入世以来，随着国际国内市场的进一步开放，蜂蜜贸易也迎来了前所未有的挑战与机遇。

　　近几年来，中国蜂业发展陷入困境，蜂蜜出口商为扩大销量采取恶意竞价手段，却枉顾产品质量，削弱了蜂蜜的国际竞争力。阿根廷作为另一蜂蜜出口大国，是中国在国际蜂蜜市场的最大竞争对手，而其超越中国成为出口第一大国的可能性在不断上升。阿根廷面对日益严峻的非关税壁垒做出了适当的应对，不仅重视蜂业的发展和蜂蜜出口市场的开拓，而且在蜂蜜质量的监管方面做得比较到位，保证了蜂蜜质量，提高了其国际竞争力。

　　而中国的蜂蜜则存在不成熟蜜比例较高、附加值低等问题，使蜂蜜出口在质量方面一直处于弱势。在中国受到技术壁垒的沉重打击时，阿根廷则趁机占领中国原有市场，扩大了其蜂蜜市场占有率。由此可知，中国虽仍是蜂蜜出口大国，但蜂蜜出口强国的局面不复存在。

　　因此就中国与阿根廷蜂蜜的国际竞争力进行比较分析具有现实性、可行性与重要性，将更有利于中国蜂农、蜂产业、蜂蜜企业清楚地认识到本国蜂产品的优缺点，促进其改进种植与生产的技术，加大科技投入，为其敲响警钟。在另一方面，也可以促使政府更加重视蜂产业的可持续发展，加大对蜂业的扶持政策，注重培养高科技养蜂人员，进而提高中国蜂蜜的国际竞争力。

第二节　文献述评

　　迄今为止，国内外许多研究人员都针对不同层面，运用各种方法对蜂蜜的国际竞争力进行了研究与讨论，并根据现状提出了不同的阶段性见解与应对措施。

一、关于国际竞争力的研究

　　迈克尔·波特教授（2003）提出了菱形理论，即"钻石模型"，认为国家竞争优势的取得在于国家生产要素、该行业国内需求性质、辅助行业和企业战略。此外，机遇与政府的影响也不可小觑。

二、关于蜂蜜出口量价分析

(一) 蜂蜜出口价格分析

朱俊波和杨红梅（2007）指出中国蜂蜜出口单价不高，原因是我国在蜂蜜出口管理上缺乏健全的出口竞争机制，导致商家为了利益压价竞销，使蜂蜜质量得不到保证，削弱其竞争力。

(二) 蜂蜜出口量价结合分析

刘庆博和刘俊昌（2012）由 1978～2009 年的数据了解到我国蜂蜜产量呈上升趋势，出口量波动却很大。在 2000～2009 年，中国蜂蜜年均出口量占世界第一，年均出口额却低于阿根廷。

由此我们可以侧面感受到蜂蜜出口的价格差在国际市场中所起到的巨大作用。虽然价格低可以提高蜂蜜的国际竞争力，但却会影响出口额的增长。

盘和林和何敏红（2013）认为我国蜂蜜的国际竞争力主要源于我国蜂蜜出口产量高且价格低，但这种优势正在削弱。

丁丽芸（2013）认为 1997 年阿根廷蜂蜜丰收、质优价廉是导致我国当年蜂蜜出口量较往年大幅下滑的原因之一。

综上所述，可以得出以下结论：第一，中国蜂蜜出口量大，波动大，呈周期变化，阿根廷的出口量曾超过中国成为蜂蜜出口第一大国。第二，中国与阿根廷蜂蜜的出口价均低于世界均价，国际竞争力较大，然而低价也易招致进口国的倾销指控，使出口受到打击。第三，企业为获利，或会降低对蜂蜜质量的把关，打价格战，以扩大出口，从而影响蜂蜜在国际市场上的口碑与信誉，降低国际竞争力。

三、关于农产品国际竞争力分析

安祖儿（Amzul，2010）比较分析印度尼西亚与马来西亚的棕榈油在亚洲、非洲和欧洲市场的竞争力，发现除欧洲粗加工棕榈油市场外，印度尼西亚棕榈油市场占有率均明显上升，以低价和积极的营销策略提高了其棕榈油国际竞争力。

陈冬冬等（2011）发现农产品在种植培育过程中农药残留过高和耕地污染直接导致出口产品的质量下降，且生产规模小，农民之间没有有效的沟通，品质各不相同，削弱了其在国际市场中的竞争力。

李亮科和马骥（2013）表示中国农产品品种和出口市场过于集中，且附加值低的问题成为制约我国农产品出口的因素。

我们不难发现，产品质量与价值对农作物的国际竞争力有极大的影响作用，这不仅需要政府财政支持，也要求生产商之间的积极配合协作和技术创新。

四、关于蜂蜜竞争力原因的分析

近几年，许多学者对蜂蜜出口的影响因素进行了分析。

（1）部分学者认为贸易壁垒对蜂蜜国际竞争力有利有弊，需用辩证的视角去看待。如龙婧（2009）认为技术壁垒对我国蜂业发展有双重影响：一方面，贸易壁垒会阻碍我国出口；另一方面，能促进蜂产品质量的提升、蜂产业结构优化升级。刘朋飞和李海燕（2010）运用计量，建立技术壁垒模型，得出进口国的技术壁垒与我国蜂蜜的出口量呈显著负相关等结论。丁丽芸（2013）认为技术壁垒导致我国蜂蜜出口量下降，迫使我国认识到蜂蜜质量的重要性，引导蜂蜜质量朝主要进口国技术标准靠近，推动国际竞争力的变化。

（2）另一些学者则认为蜂蜜的质量是影响蜂蜜国际竞争力的本质原因。如刁青云等（2011）提出质量是决定蜂蜜出口的核心竞争力。由 2004～2008 年的数据，可知中国蜂蜜产量虽缓慢增长，可比净出口指数却逐年下降。学者建议企业要注重技术发展，从源头减少蜂产品中化学药品的残留，提倡生产成熟蜜，提高蜂蜜质量，适应国内外未来需求。刘庆博和刘俊昌（2012）通过计算 1991～2009 年我国与世界主要蜂蜜出口国的蜂蜜质量指数变化，发现阿根廷出口的蜂蜜在质量上拥有较强优势。而我国蜂蜜在质量上的比较优势正不断下降，蜂蜜出口的质量正逐年与其他国家拉大差距。

为此，陈玛琳和赵芝俊（2013）指出我国蜂蜜产量虽上升，然蜂蜜产业恶性竞争导致蜂蜜品质下降。必须加大对蜂产业的补贴，促进规模化、标准化生产，提高蜂蜜质量，提升蜂蜜的国际竞争力。更以阿根廷为例，阐述阿根廷通过在技术上加大投入，减少病虫害，提高蜂产品质量，增强国际竞争力，打破欧美技术壁垒的经验，为我国未来蜂补贴提供一定意义上的借鉴。

综上所述，国内外研究人员对世界蜂蜜的现状进行了分析，从出口量、出口价、蜂产品质量、技术壁垒等方面对蜂蜜的国际竞争力展开了探讨，充分显示了各国学者对蜂蜜贸易的发展越来越重视。国外对于蜂蜜竞争力的研究文献较少，而国内学者则主要针对中国进行了不同程度、不同方面、不同时间上的解析，认为中国蜂蜜在生产、质量监管、产业化等方面需要向其他发达国家借鉴学习，而他们运用的数据年代较为久远。俗话说：知己知彼，百战不殆。阿根廷作为另一蜂蜜出口大国，其蜂产业的发展对中国具有较大的借鉴意义，而我国对于阿根廷的研究还比较少，针对中国和阿根廷蜂蜜出口的对比分析就更为稀少，相信这个角度将会成为未来学者研究的方向。

第三节　阿根廷与中国蜂蜜的出口状况

一、蜂蜜出口量比较

中国与阿根廷是蜂蜜出口大国，从 2001~2013 年两国的蜂蜜年出口贸易量来看，中国蜂蜜的出口总量大于阿根廷，共计 117.53 万吨，而阿根廷则以 97.48 万吨的贸易量紧随其后。与阿根廷不同的是，中国蜂蜜的出口量年际波动较大，且呈现周期性的涨跌趋势。此外，从出口贸易量可以明显看出，中国蜂蜜出口在这一期间出现了 3 次较为明显的出口量下降的迹象，分别是 2002 年、2007 年和 2009 年（见图 9-1）。产生这一现象的原因除了受到经济危机、反倾销、气候因素等影响外，主要还是由于遭到了进口国贸易壁垒的打击。然而不论是哪种因素，追根究底则是由于中国蜂蜜的质量受到多方质疑。

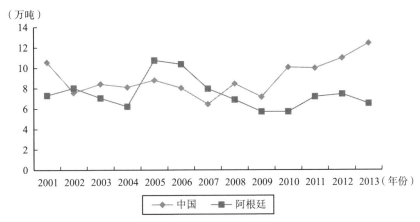

图 9 - 1　2001 ~ 2013 年中国与阿根廷蜂蜜出口贸易量

资料来源：UN Comtrade。

反之，在此期间，阿根廷的蜂蜜出口量则有 4 次超过中国，分别为 2002 年、2005 年、2006 年和 2007 年。尤其是在 2005 年，阿根廷蜂蜜的年出口量较 2004 年急剧上升，是 2004 年的 1.72 倍。虽然在随后的两年中，阿根廷蜂蜜的出口贸易量在一定程度上有所下降，但仍然高于中国，具有极大的竞争力。

2008 年则是两国蜂蜜贸易出口量的一个重要转折点，虽然受到金融危机与反倾销的双重打击，中国蜂蜜贸易出口量仍再次超越阿根廷，并保持贸易出口量领先势头至今，且呈现上升趋势。阿根廷蜂蜜的出口量则呈现平稳趋势，变动幅度较小。

因此，从蜂蜜出口量来看，中国蜂蜜的出口虽具有较强的国际竞争优势，但也时刻面临着阿根廷的强大竞争。也就是说，中国与阿根廷在国际市场上的竞争在不断加剧，蜂蜜出口量一国独大的形势不复存在，开始出现两国并驾齐驱的局面。

美国、日本、德国作为三大蜂蜜主要进口国，一向是蜂蜜出口国的必争之地，为此中国与阿根廷在这三大市场上展开了激烈的贸易竞争。

2001 ~ 2008 年，中国与阿根廷蜂蜜在美国市场的出口量呈现此消彼长的趋势（见图 9 - 2）。然而在 2009 年，由于美国开始对中国蜂蜜征收反倾销税，使中国蜂蜜被迫退出了美国市场，反之阿根廷蜂蜜则顺势抢占了中国原有的蜂蜜市场，使之出口至美国的蜂蜜贸易量急剧攀升。该局面直至 2013 年仍未有明显改变。

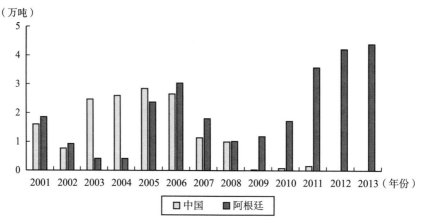

图 9 – 2　中国与阿根廷蜂蜜出口美国的贸易量

资料来源：UN Comtrade。

2001～2013 年，中国蜂蜜在美国市场的出口量虽在部分年份超过阿根廷，但从总体来看，阿根廷蜂蜜的出口占上风。由此可以看出，中国蜂蜜在美国市场上的竞争力远比不过阿根廷。

而日本市场则与中国建立了良好的合作关系，在其市场上中国蜂蜜占据了绝对的竞争优势，中国蜂蜜出口量远远高于阿根廷（见图 9 – 3）。主要原因还在于地理位置与运费的影响。

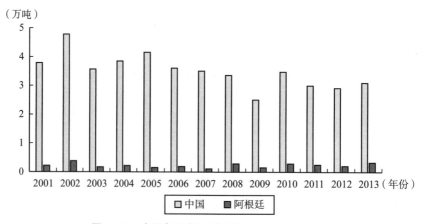

图 9 – 3　中国与阿根廷蜂蜜出口日本的贸易量

资料来源：UN Comtrade。

　　反之，在德国市场，阿根廷则占了领先优势（见图9-4）。尤其是2002年欧盟以氯霉素残留为由停止了从中国进口蜂蜜，并将检验标准提高，设定技术壁垒使中国蜂蜜出口至德国的道路受阻，出口量急剧下降。随着中国蜂蜜退出德国市场，阿根廷却仍每年向德国出口大量蜂蜜，并在2005年达到最大贸易量4.07万吨。但与此同时，中国蜂蜜也试图再次进入德国市场，虽出口量不多，但仍在逐步上升。从整体趋势看，德国蜂蜜进口总量有所下降。

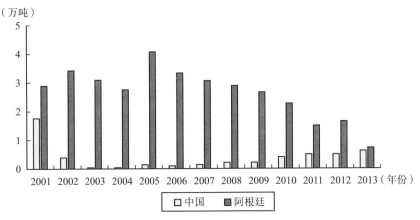

图9-4　中国与阿根廷蜂蜜出口德国的贸易量

资料来源：UN Comtrade。

　　由此可见，在三个蜂蜜主要进口国中，阿根廷蜂蜜在美国市场与德国市场具有强大的竞争优势，而在日本，凭着地理位置的优势，则是中国的蜂蜜更具竞争力。因此，就蜂蜜三大进口市场而言，阿根廷蜂蜜的国际竞争力较中国强。

二、蜂蜜出口价格比较

　　蜂蜜的出口价格受许多因素的影响，如蜂蜜的质量、品种、附加值，这些都是蜂蜜自身的主观问题，可以依靠技术来改变。而蜂蜜的流通成本高低则成为同类蜂蜜竞争力强弱的判断之一。即在蜂蜜的质量、品种、附加值等条件基本相同的情况下，蜂蜜流通成本越低，则蜂蜜的出口价格越低，便具有较强的市场竞争力。

在 2001~2013 年，中国蜂蜜的出口均价一直低于阿根廷的出口均价，虽处于缓慢波动上升阶段，但价格上升的速度低于阿根廷，所以从近几年数据来看两国蜂蜜价格有进一步拉大差距的趋势（见图 9-5）。相对于中国而言，阿根廷蜂蜜价格在前期波动较大，后期基本保持上升趋势。因此，就世界均价而言，中国蜂蜜的出口价格较阿根廷更具有市场竞争优势。

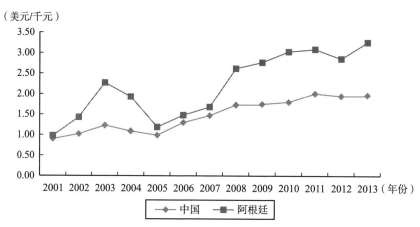

图 9-5 2001~2013 年两国蜂蜜出口价格变化趋势

资料来源：UN Comtrade。

如表 9-1 所示，自 2001 年以来，在日本与德国市场中，中国出口蜂蜜的价格一直都低于阿根廷，在价格方面上具有一定的优势。

表 9-1　　　　　　　　　　**2001~2013 年两国蜂蜜出口价格**　　　　单位：美元/千克

年份	世界		美国		日本		德国	
	中国	阿根廷	中国	阿根廷	中国	阿根廷	中国	阿根廷
2001	0.90	0.98	0.90	0.93	0.97	1.05	0.84	0.97
2002	1.02	1.43	1.06	1.85	1.06	1.51	0.90	1.30
2003	1.23	2.27	1.49	2.39	1.17	2.60	0.89	2.21
2004	1.09	1.93	1.14	1.86	1.07	2.36	1.30	1.90
2005	0.99	1.19	0.85	1.28	1.06	1.47	1.06	1.15
2006	1.30	1.48	1.04	1.57	1.48	1.67	1.06	1.41
2007	1.47	1.68	1.23	1.73	1.55	1.88	1.38	1.63

续表

年份	世界		美国		日本		德国	
	中国	阿根廷	中国	阿根廷	中国	阿根廷	中国	阿根廷
2008	1.73	2.62	1.30	2.91	1.85	2.88	1.81	2.49
2009	1.75	2.77	2.06	2.92	1.89	2.97	1.69	2.72
2010	1.80	3.03	1.52	3.12	2.05	3.23	1.86	2.96
2011	2.01	3.09	1.93	3.13	2.26	3.26	2.01	3.01
2012	1.95	2.86	7.23	2.88	2.16	3.16	2.00	2.77
2013	1.97	3.26	3.37	3.25	2.28	3.58	1.99	3.20

资料来源：UN Comtrade。

阿根廷出口日本的蜂蜜价格普遍高于其出口至其他两大国的价格，主要是由于阿根廷与日本距离较远，因此蜂蜜的流通成本较高，降低了阿根廷蜂蜜在日本市场的竞争力。

而在美国市场，2001~2011年中国蜂蜜的价格也具有较强优势，但也正是由于价格过低而受到了反倾销等因素的负面影响。为此近两年来，中国蜂蜜的单价明显上升，远远高于往年，每千克分别为7.23美元和3.37美元，且均高于阿根廷的蜂蜜出口价格（每千克2.88美元和3.25美元）。在美国市场上，价格优势的下降也成为中国蜂蜜出口量下降的原因之一。

结合中国与阿根廷蜂蜜的出口量和出口价格分析可得，中国蜂蜜的出口总量大于阿根廷，而出口价格则低于阿根廷，从而形成了如图9-6所示的蜂蜜贸易额变化趋势。

由图9-6可知，中国蜂蜜出口贸易额在逐年波动上升，但普遍低于阿根廷的蜂蜜出口贸易额。唯有2001年、2010年和2013年这三个年份的贸易额超过了阿根廷，主要原因是中国蜂蜜在这些年份的出口量巨大，在出口量上与阿根廷拉开了较大贸易量差。而2002~2009年，阿根廷的贸易额则远高于中国，其原因是阿根廷蜂蜜的价格较高（相对于中国）。

由此可得，出口量虽然也是影响蜂蜜贸易额的因素之一，但蜂蜜价格则是影响蜂蜜贸易额的关键因素。低价是一把双刃剑，价格低虽然在一定程度上占据了竞争优势，但在另一方面也会影响出口创汇。此外，价格过低也会对蜂蜜的出口造成不利影响，易招致进口国的反倾销指控。

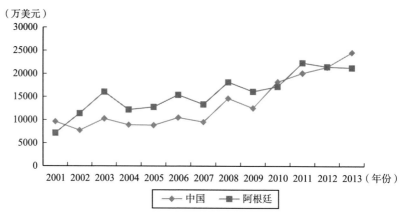

图9-6 2001~2013年中国与阿根廷蜂蜜贸易额

资料来源：UN Comtrade。

三、蜂蜜出口市场比较

随着蜂蜜贸易的竞争越来越激烈，市场的选择也显得尤为重要。从2001年至今，中国的蜂蜜出口市场个数在波动上升，中国蜂产业正不断努力在维持原有市场的同时积极拓展新的市场。2013年，中国已向65个国家及市场出口本国蜂蜜，创2001年以来的最多值（见图9-7）。相反，阿根廷的蜂蜜市场相对来说较少，至2013年止，其出口市场较2001年有所减少，出口市场相对较为集中，以德国、美国等国家为主。

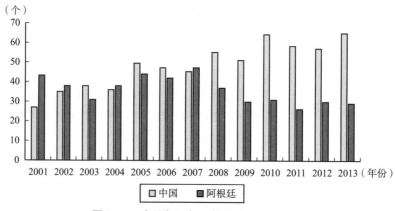

图9-7 中国与阿根廷蜂蜜出口国家数量

资料来源：UN Comtrade。

第四节　阿根廷与中国蜂蜜的国际竞争力比较

一、国际市场占有率

国际市场占有率指一国某产品出口额占世界该商品出口总额的比重，是反映一国产品在国际市场上的国际竞争力及竞争地位的最简单、最直接的指标。国际市场占有率越高，表明该国此产品所具有的国际竞争力越强，反之则越弱。该指标的计算公式为：

$$MS_{it} = X_{it}/X_{wt} \qquad (9-1)$$

其中，MS_{it}表示 i 国 t 产品在国际市场中的占有率，X_{it}表示 i 国 t 产品的出口总额，X_{wt}则表示在国际市场中 t 产品的出口总额。

从表 9-2 的计算结果来看，2001 年加入世贸组织以来，中国蜂蜜的国际市场占有率急剧下滑，达 10.86%，至 2013 年仍未有所好转，主要原因仍是蜂蜜主要进口国对我国蜂蜜实行了极高标准的技术壁垒。阿根廷蜂蜜的国际市场占有率表现出下降的态势，最高差值为 8.25%，但相对于中国而言，阿根廷的下降趋势较为平缓。

表 9-2　　　　2001~2013 年中国与阿根廷蜂蜜的国际市场占有率　　　单位：%

年份	中国	阿根廷
2001	21.95	16.38
2002	11.09	16.25
2003	10.93	16.94
2004	10.47	14.18
2005	12.47	18.28
2006	12.76	18.68
2007	10.71	15.22
2008	11.59	14.28
2009	10.23	13.05

续表

年份	中国	阿根廷
2010	12.41	11.79
2011	12.01	13.33
2012	12.80	12.81
2013	12.10	10.43

资料来源：UN Comtrade。

二、贸易竞争优势指数

贸易竞争优势指数（TSC）指某国一产品的进出口差额与其进出口总额之比（该值介于 -1 ~ 1 之间）。如果计算结果为正，表明该国此产品的生产效率高于国际水平，若是贸易竞争优势指数越大，则表明其优势也就越大；反之，如果贸易竞争优势指数为负，表明该国此产品的生产效率低于国际水平，国际竞争力相对较弱。该指数的公式如下：

$$TSC_{it} = (E_{it} - I_{it}) / (E_{it} + I_{it}) \qquad (9-2)$$

其中，TSC_{it} 表示 i 国 t 产品的贸易竞争优势指数，E_{it} 表示 i 国 t 产品的出口总额，I_{it} 表示 i 国 t 产品的进口总额。

从表 9 - 3 可以看出，中国与阿根廷蜂蜜的 TSC 指数总体上都较高，具有较强的国际竞争力。但从图 9 - 8 则可以更加直观地看到阿根廷蜂蜜的 TSC 指数明显高于中国，具有更强的国际竞争力，且一直保持在 0.99 以上不变。而反观中国，该指数自 2007 年开始逐渐下滑，2011 年后指数下降速度加快，到 2013 年为止指数下降至 0.70，与阿根廷相差 0.30。这说明中国蜂蜜的贸易竞争优势在逐渐下降，中国蜂产业的国际竞争力处于下降的趋势。而阿根廷蜂蜜的贸易竞争优势则一直保持在稳定的状态。

表 9 - 3　　　　　　　2001 ~ 2013 年中国与阿根廷蜂蜜的 TSC 指数

年份	中国	阿根廷
2001	0.9887	0.9971
2002	0.9741	0.9999

续表

年份	中国	阿根廷
2003	0.9734	0.9980
2004	0.9646	0.9982
2005	0.9771	0.9978
2006	0.9705	0.9977
2007	0.9404	0.9968
2008	0.9387	0.9979
2009	0.9187	0.9987
2010	0.9001	0.9902
2011	0.8795	0.9968
2012	0.7827	0.9960
2013	0.7034	0.9990

资料来源：UN Comtrade。

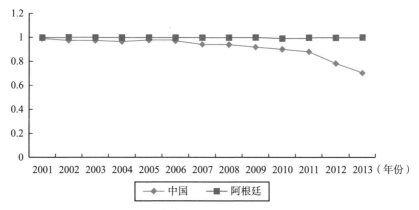

图 9 – 8　2001 ~ 2013 年中国与阿根廷蜂蜜的贸易竞争优势指数

资料来源：UN Comtrade。

三、显性对称比较优势指数

经济学家巴拉萨在 1965 年提出了显示性比较优势指数（RCA）。该指数是衡量一个国家或某种产品在国际市场竞争力的最具说服力的指标，是指某国某产品出口额在该国出口总额所占份额与该产品世界总出口额在世界贸易总出口额所占份额之比。该指数不仅能够反映一国产品或产业的出口竞争力，也能够反映该国在国际贸易中的相对比较优势。公式如下：

$$RCA_{it} = (X_{ij}/X_{tj})/(X_{iw}/X_{tw}) \tag{9-3}$$

其中，RCA_{it} 表示显示性比较优势指数，X_{ij} 表示 j 国产品 i 的出口总额，X_{tj} 表示 j 国商品的总出口额，X_{iw} 表示世界上产品 i 出口的总额，X_{tw} 表示世界商品的总出口额。

但同时该指数也存在一定缺陷，为此众多学者研究改进了此指数，改进后的指数则称为显示性对称比较优势指数，公式如下：

$$RSCA = (RCA - 1)/(RCA + 1) \tag{9-4}$$

RSCA 的结果共有 6 个层次：若结果为（0.85，1］则为绝对优势；若结果为（0.5，0.85］则为较强优势；若结果为（0，0.5］则为微弱优势；若结果为（-0.5，0］则为微弱劣势；若结果为（-0.85，-0.5］则为明显劣势；若结果为（-0.85，-1］则为完全劣势。

从表 9-4 可以看出，自 2001 年后，中国蜂蜜的出口由具有较强优势迅速下降为微弱优势，并且该指数仍然在逐年下降，到 2013 年中国蜂蜜的竞争力更是下降至微弱劣势（-0.02）。而阿根廷蜂蜜的显示性对称比较优势指数虽总体上略有下降，但每年仍保持在 0.900 以上，蜂蜜竞争力处于绝对优势地位。因此在显示性对称比较优势指数上可以得出以下结论，中国蜂蜜的竞争力弱于阿根廷，且差距正处于不断扩大的趋势。

表 9-4　　　2001~2013 年中国与阿根廷蜂蜜的显示性对称比较优势

年份	中国	阿根廷
2001	0.6600	0.9466
2002	0.3590	0.9504
2003	0.2890	0.9525
2004	0.2179	0.9462
2005	0.2396	0.9569
2006	0.2100	0.9581
2007	0.0762	0.9463

续表

年份	中国	阿根廷
2008	0.1095	0.9382
2009	0.0095	0.9312
2010	0.0696	0.9239
2011	0.0474	0.9300
2012	0.0332	0.9287
2013	−0.0175	0.9200

资料来源：UN Comtrade。

四、进出口价格比

进出口价格比就是指同种产品的出口价格与进口价格的比值，间接反映了某国此产品质量的优劣。比值越高，该国此产品的质量就越好，反之则质劣。该公式表示如下：

$$进出口价格比 = 出口产品单位价/进口商品单位价 \qquad (9-5)$$

由图 9-9 和表 9-5 可知，自 2001 年来，中国蜂蜜进出口价格比波动较大，总体呈下降趋势。且从表 9-3 和表 9-4 计算可得，中国蜂蜜的价格比一直低于 1，并于 2013 年达到近年来最低值 0.22，这说明中国蜂蜜的质量较

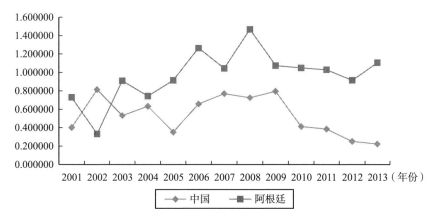

图 9-9　2001~2013 年中国与阿根廷蜂蜜进出口价格比变化

差，在质量方面上中国蜂蜜的国际竞争力较弱。而阿根廷自 2006 年以来，几乎每年价格比都高于 1，只在 2012 年低于 1（0.91），并在第二年就立刻反弹，这说明阿根廷蜂蜜质量明显高于中国的蜂蜜质量，且阿根廷的蜂蜜质量在总体上呈现上升趋势。中国蜂蜜的质量不仅落后于阿根廷，且质量的差距在逐年拉大。

表 9 - 5　　　　　　　　　　中国与阿根廷蜂蜜的进出口价格比

年份	中国（美元/千克）		阿根廷 （美元/千克）		中国价格比	阿根廷价格比
	出口价格	进口价格	出口价格	进口价格		
2001	0.90	2.24	0.98	1.34	0.400705	0.730155
2002	1.02	1.25	1.43	4.31	0.814609	0.331369
2003	1.23	2.31	2.27	2.50	0.532054	0.908921
2004	1.09	1.73	1.93	2.59	0.633355	0.743408
2005	0.99	2.81	1.19	1.31	0.352158	0.914145
2006	1.30	1.97	1.48	1.17	0.658663	1.263749
2007	1.47	1.91	1.68	1.61	0.769261	1.044053
2008	1.73	2.39	2.62	1.78	0.726205	1.467935
2009	1.75	2.20	2.77	2.58	0.795152	1.073279
2010	1.80	4.39	3.03	2.88	0.411463	1.048814
2011	2.01	5.23	3.09	3.00	0.385063	1.029432
2012	1.95	7.78	2.86	3.13	0.250892	0.914896
2013	1.97	8.84	3.26	2.95	0.223306	1.105975

出现这一现象的原因可以从以下两个方面进行探讨：

首先，阿根廷政府对于蜂业的补贴做得十分到位，使抗生素残留问题、病虫害防护问题都得到了及时的整顿与解决，更优化了蜂业的发展环境，形成了规模化生产，便于提高蜂蜜质量，利于蜂蜜的出口，使阿根廷蜂蜜的国际竞争力持续上升。

其次，相对于阿根廷蜂蜜的产业化发展，中国蜂产业发展仍以小规模生产为主。大部分企业规模也较小，单以定期到蜂农的生产基地去进行蜂蜜的收购，且采购时仅以肉眼感官来判断蜂蜜质量的优劣，缺乏准确性和可靠性。此外，企业在进行加工时也没有良好的设备支持，易形成蜂蜜质量不稳定的现象且生产效率也无法得到提高。同时，从事蜂蜜养殖工作的人员缺乏系统的培训则是蜂蜜质量无法得到提高的根源所在。

阿根廷在蜂蜜出口遇到问题时能够具有针对性的改进，在这方面值得中国学习。

第五节　蜂蜜国际竞争力的影响因素

一、外部因素

影响蜂蜜的国际竞争力的外部因素主要有贸易壁垒、汇率变化等。

（一）技术壁垒、反倾销等贸易壁垒

蜂蜜进口国为保护本国市场，常常会提高进口标准以减少外来蜂蜜对本国蜂蜜销售的影响。在这一方面，阿根廷受到的影响较小。因为阿根廷早在20世纪90年代就开始注重对技术研发的投入以打破欧美贸易壁垒，且在病虫害的防护能力及优质蜂种的研究上极为重视。此外阿根廷同时也根据欧美国家的行业标准，改善了蜂养殖过程中的药物残留问题及蜂蜜生产加工的再污染问题，使蜂业拥有了一个良好的发展环境，促进了蜂农与企业的联系，推动蜂业的有序发展。

反之，中国却受到了技术壁垒、反倾销的双重打击。自2002年以来，欧盟不断对中国蜂蜜的质量提出质疑，认为中国的质量监控体制薄弱，蜂蜜药残留问题严重，曾做出暂停进口中国动物源产品的决议（包括蜂蜜），虽然2005年解除了部分进口禁令，但蜂蜜出口仍未全面恢复。因其对中国蜂蜜进口的门槛较高，使中国蜂蜜的出口成本上升，价格优势下降。

作为中国蜂蜜另一出口消费大国的美国，也对中国蜂蜜进口设下一定关卡。在中国还不具备碳同位素检测能力的时候，美国提出蜂蜜合格的要求是其检验结果中的碳同位素的绝对值必须为23.5%以上，使中国在蜂蜜出口时

处于被动局面，不得不依靠美方设备进行检测，这使中国蜂蜜贸易受到一定的影响，不仅延长了贸易时间，更加大了人力资源的投入，使贸易成本再度上升，贸易利润则随之下降。

（二）汇率变化

近几年，人民币升值，美元贬值对蜂蜜出口也产生较大影响。人民币升值提高了中国蜂蜜出口的外币价格，将直接削弱中国蜂蜜出口的价格竞争优势，不利于蜂蜜的长期稳定出口，降低了蜂蜜的国际竞争力。

二、内部因素

（一）质量因素

质量是蜂产品竞销的关键所在，质量决定一切。质量也影响了价格。阿根廷蜂蜜即使出口量小，但其贸易额却高于中国的原因就在于价格。阿根廷蜂蜜在质量把控上做的极其到位，科研投入力度极大，大大提升了蜂蜜的产量、质量和附加值，使蜂蜜的价格得到提升，同时也成功抵御了像美国、欧盟等蜂蜜主要进口国的各类技术壁垒与反倾销。反之，中国部分企业为降低成本，扩大出口，不惜以蜂产品质量为代价，虽在短期提高了蜂蜜的出口量，在长期看来却是破坏企业形象、降低企业口碑的行为。为此中国蜂蜜也屡次受到进口国的抵制，以各种指标不符为由，不允许中国蜂蜜的进口，使蜂蜜的市场占有率下降。

（二）产业结构

蜂产业的产业结构优化整合，小规模的生产方式的改变是提高蜂蜜国际竞争力势在必行的措施与手段。与阿根廷的产业化密集度高相比，中国蜂企业分布较为零散，规模也较小，这在一定程度上不利于信息的交流，也不利于蜂蜜质量的整体提升。且蜂蜜的生产具有一定的时节性，在小规模的生产养殖时，蜂农经常是随着季节改变养殖场所，这不仅需要大量的人力物力，更对蜂蜜的质量稳定与供应产生了不利影响。因此，蜂蜜行业产业化势在必行，有利于企业与蜂农之间的协作，既解决了蜂农蜂蜜产销的问题，又使蜂农能够得到企业的技术支持，使蜂蜜的质量得到进一步的稳定与提高。

（三）市场开发

在面对国际市场的激烈竞争时，企业要着眼于多元化市场。自 2001 年以来，中国蜂蜜的出口市场集中度在逐渐下降，取得了较好的成绩。尤其是 2013 年，较 2012 年蜂蜜的出口市场增加了 8 个，也因此中国在这一年的蜂蜜出口量持续上升，出口贸易额也再度超过了阿根廷。

（四）品牌效应

品牌的影响力度往往被忽视，中国蜂企业的品牌意识薄弱，营销力度不够也成了中国蜂蜜出口的绊脚石。中国蜂蜜至今还没有国际性的品牌产生，但小品牌较多，究其原因还在于品牌的宣传与营销做得不够到位。在同等质量同等价格的前提下，进口国往往会选择较为知名的品牌进行引入，而不会冒险选择一个不被众人熟知的小品牌。

第六节　提高中国蜂蜜国际竞争力的政策建议

经过研究发现，中国蜂蜜在价格上具有相对的竞争优势，但是低价是一把双刃剑。一方面，蜂蜜价格越低就越有市场竞争力；另一方面，想要拥有低价则在一定程度上会折损质量，同时也容易受到进口国反倾销的抵制。此外，价格低也会对贸易额产生较大影响，即使出口量大，但单价却抑制了贸易额的增长。

与阿根廷蜂蜜的国际竞争力比较发现，中国蜂蜜的国际竞争力相对较弱，主要原因还在于蜂蜜质量的不稳定，容易受到各类贸易壁垒的影响。在这一点上，中国需要学习阿根廷在面对该问题时做出的应对，具体问题具体分析，结合中国蜂产业实情，提高蜂蜜的国际竞争力。

此外，近年来，中国蜂蜜以出口为主，但却忽视了国内市场的发展与维护。中国作为人口大国，消费市场同样也极为广阔，然而在中国，进口蜂蜜在逐渐增多，其价格也在逐日上升，而本国蜂蜜的出口价格则不升反降。这不仅反映了国民对于进口产品的热衷，也侧面说明了国民对于中国本国制造的蜂蜜质量的不信任。

因此，面多复杂多变的国际贸易形势，想要提高我国蜂蜜的国际竞争力，必须要做到以下几点。

（1）建立健全蜂蜜质量监控体系，全面提高蜂蜜品质与质量。为保持蜂蜜质量的稳定性，要对蜂农进行定期的指导培训，尽量减少病虫害，提升蜂蜜质量。与此同时，蜂蜜原料收购单位也要加强对原料的把关，对优质蜂蜜采取一定程度上的鼓励与优惠措施，同时倡导生产成熟蜜，提高国际市场所需求的成熟蜜的比例。

（2）推动中国蜂业产业化进程，促进养蜂规模化。加大对规模化养蜂的支持，加强对原小规模养蜂人群的教育训练力度，使其能够较快适应组织化、规范化的蜂业发展趋势，从而加快形成中国蜂蜜国际品牌，使中国蜂蜜更具有知名度。

（3）加大科研力度，提升蜂蜜附加值。大型蜂蜜生产企业要加大对蜂蜜的研究，打破传统研究方式，加强与科研机构及高校的合作关系，打造专项科研队伍，积极探索优质蜂蜜，提升蜂蜜口感，提高蜂产品的附加值。

（4）密切关注进口国蜂蜜进口标准变动。为积极应对技术性贸易壁垒，要建立健全蜂蜜贸易相关的信息流通渠道和标准变化预警机制。及时将国内外各项动态传递到蜂业企业与各地蜂农手中，做到政府、企业和蜂农之间的良好沟通。

（5）维持与拓展市场同步。在面对形势复杂的国际市场时，既要把握原有市场，更要促进新兴市场的开发，此外也要注重内需，避免进口蜂蜜占据主导地位。

（6）注重市场营销，加强蜂产品的宣传与品牌的树立。为扩大出口，在传统销售的渠道外，也要注重对国际市场信息的收集，更要通过各种现代技术积极宣扬中国蜂产品的特色，尤其是一些未开发的市场。此外，也要积极热情地与客户进行长期的交流，促进客户对我国蜂产品的了解，针对特殊客户也要积极改良蜂产品使之更加适应当地市场的需求，树立品牌形象。

第十章

墨西哥牛油果在中国市场的竞争力分析

　　随着我国国民经济水平的不断提高，人民的生活方式发生了显著的变化，越来越多的人趋向于选择健康均衡的生活方式。同时良好的经济条件以及全球化的大背景为人们提供了更多的选择可能性，包括在饮食上的选择。牛油果作为近些年在中国新兴出现的食物，现在越来越受到年轻人和更多追求健康生活人群的喜爱。中国这个具有巨大潜力的牛油果消费市场和墨西哥这个牛油果第一大产出国之间的关系变得越来越密切起来。

　　根据 UN Comtrade 的数据得知，自 2010 年至今，中国牛油果的进口量和进口额始终保持增长态势，相较于 2010 年，2018 年中国牛油果进口额和增长额都有大幅度的增长。墨西哥牛油果2014 年以前在中国市场的占有率达到了 95% 以上，甚至在 2010 年和 2012 年达到了 100% 的市场占有率。但是自 2015 年起，受到智利、秘鲁、新西兰等其他国家的冲击，墨西哥牛油果在中国市场的占有率大幅降低。同时，作为墨西哥牛油果最大进口国的美国，贸易保护主义愈演愈烈，美墨贸易关系变得紧张，为了维持墨西哥牛油果市场的稳定，出口市场多样化是墨西哥规避风险，实现产业优化的良好方式。

当前对于牛油果进出口市场的研究还较为匮乏，考虑到上述因素，深入研究墨西哥牛油果出口中国的竞争力可以帮助墨西哥牛油果更好、更有针对性地进入中国市场，实现出口市场多样化。也有助于墨西哥与中国的经贸往来，促进中国与墨西哥国际关系的发展。中国也可以获得较为优质的牛油果供应。

第一节　文献述评

一、关于出口竞争力指数的研究

研究产品或者产业的出口竞争力的文献里常常包含各种指标或者指数进行量化分析。王丽莎（2018）在关于提升泰国木薯出口竞争力的对策研究中采取了出口增长优势指数等五个维度对泰国木薯进行出口竞争力水平测度分析。莫里西奥等（Mauricio et al.，2018）对于墨西哥水果与坚果出口贸易的研究中也采集了市场份额和显示性比较优势两种指标来恒定墨西哥水果与坚果行业的出口竞争力。黄水仙（2019）研究了越南水果对中国的出口竞争力，发现越南火龙果具有较大的竞争力。

二、关于墨西哥农产品出口贸易的研究

莫里西奥等（Mauricio et al.，2018）认为墨西哥比较优势分析的正面价值证实了墨西哥作为水果和坚果的出口国已经有很重要的存在价值，然而墨西哥水果及坚果的竞争力并不是很高。为了提高其出口的竞争力，墨西哥政府应当着重于国内农业，生产者条件，生产能力，使用技术，工作条件，供应的改善等因素。

三、关于中国、美国、墨西哥三方之间的贸易影响的研究

吴国平和岳云霞（2012）在分析中墨的双边贸易和发展前景的时候提出

中国和墨西哥双方在经济和贸易发展进程中的结构性因素导致了中墨双边贸易存在贸易发展水平低，频发双边贸易摩擦，进出口总量长期不平衡等问题。相较于中国，墨西哥的优势产业主要集中在劳动密集型产品，竞争优势也呈现上升趋势。宋利芳和武皖（2019）在研究美国、墨西哥、加拿大三国在2018年底签订的《美墨加协议》（USMCA）对中国和墨西哥经贸关系影响的时候认为，USMCA不利于中墨经贸合作。杨志敏（2019）在研究经济单边主义的"复活"及应对的文章中指出，墨西哥一方面希望与美国保持密切良好的合作关系从而获得美国巨大的市场准入和相应的投资援助，一方面又对美国在美墨双边贸易关系上的支配地位感到担忧。墨西哥为了应对美国的贸易保护主义，采取了加速进行和完善对外经贸多元化战略等一系列措施。

四、关于牛油果市场的研究

杨云香（2018）认为中国自2017年12月1日下调牛油果暂定税率至7%将会促使更多优质的国外牛油果进入中国市场，增加了国内牛油果市场的供给。智利与中国的越来越密切的贸易合作使得智利在2015～2017年度逐步成为中国第一大牛油果供应国。费尔南多等（Fernando et al.，2018）研究发现中国消费者对于牛油果的口味偏好与美国或者墨西哥消费者有很大的不同，中国消费者偏向于将牛油果与甜食搭配。随着美国贸易保护主义越来越明显，牛油果出口市场的多样化可以减少墨西哥牛油果大量依靠出口美国这一事实带来的潜在危险。中国庞大的人口基数和需求增长因素使得中国成为具有巨大市场机会的国家。

通过查阅文献发现目前直接进行墨西哥牛油果出口中国竞争力研究的学者不多。现有的文献主要集中在其他国家或者产品的出口竞争力研究，以及影响墨西哥出口贸易的因素研究等。但是考虑到墨西哥是全球第一大牛油果生产国，美国作为墨西哥牛油果出口的主要国家以及中国、墨西哥、美国三国的贸易关系，笔者在查阅文献的时候也关注了研究中国、美国、墨西哥三国贸易之间关系的文献。根据上述侧重点，主要对研究出口竞争力指数、墨西哥农产品出口贸易、中－美－墨三方贸易、牛油果市场的研究文献予以回顾。在测算指标的选择上，相较于多数选择国际市场占有率，考虑到研究主体为中国市场，所以选择中国市场占有率。同时相较于多数对于国际竞争力的研究，笔者增加了三方贸易的影响因素，这使得研究结果更加完善可靠。

第二节　中国牛油果市场分析

中国中等收入阶层规模急剧扩大，健康安全意识不断提高，对牛油果等健康水果的需求与日俱增。几年前，中国人对牛油果知之甚少。而如今，我国从墨西哥、智利等拉美国家进口的牛油果以每年约 2.5 倍的速度快速增长。据中国海关统计数据显示，我国牛油果进口量 2010 ~ 2017 年呈现几何倍数增长（见表 10 - 1）。2017 年，全国进口牛油果 3.87 万吨，与 2010 年的 7.73 吨相比，实现了飞速增长。其实，我国早在 100 多年前就引进了牛油果，但一直没有发展成产业。新中国成立后，广东沿海、福建沿海和海南岛都有少量种植，未形成规模。我国现有的牛油果种植面积约有两万亩左右，其中云南和广西是两大主要区域，分别种植了约 1 万亩和 5000 亩。全国范围内，2017 年全年的牛油果产量不足 1000 吨，仅占进口量的 3%。

表 10 - 1　　　　　　　　2010 ~ 2017 年鲜或干的牛油果进口量

年份	进口量 （吨）	金额 （美元）	平均单价 （美元/公斤）
2010	7.73	39576	5.12
2011	127.33	427824	3.36
2012	460.56	1063893	2.31
2013	870.44	2411127	2.77
2014	4066.63	11874556	2.92
2015	15999.50	45118582	2.82
2016	25124.39	78388100	3.12
2017	38735.16	129762786	3.35

资料来源：中国海关。

目前国际市场上牛油果处于供不应求的状态，供需矛盾在相当长一段时间内将继续存在。中国市场需求量增加，除北上广深一线城市之外，牛油果正逐步走向二、三线城市。虽然目前国内二、三线市场对牛油果的认知尚不充分，但对于生活品质尤其是食品方面的追求并不低于一线城市，也有很大一部分消费群体有定期购买牛油果的习惯，牛油果在中国市场的发展前景良好。我国牛油果主要依赖于进口，进口国家包括智利、墨西哥、秘鲁，三者占比如图 10 - 1 所示。

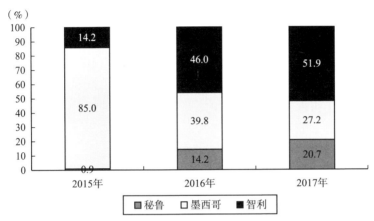

图 10 - 1　智利、墨西哥、秘鲁在中国进口牛油果市场占比

资料来源：中国海关。

第三节　墨西哥牛油果在中国市场的竞争力分析

一、中国市场占有率

查阅相关的文献得知，一般分析某种产品国际市场出口竞争力都会计算其国际市场占有率，结合笔者分析的是中国市场，所以将其转化为中国市场占有率。墨西哥牛油果在中国进口市场的竞争力大小，以其在中国进口市场上的占有率来体现。

据海关统计，2017 年中国进口牛油果总量为 3. 21 万吨，其中智利对华出口 1. 67 万吨，约占 52%；墨西哥对华出口 0. 88 万吨，约占 27%；秘鲁对华出口 0. 67 万吨，约占 21%。智利取代墨西哥，成为中国市场第一大牛油果供应国。2018 年，秘鲁夺得对华牛油果出口的头把交椅，出口 1. 69 万吨，占 38.5%；墨西哥出口 1.5 万吨，占 34%；智利出口 1.19 万吨，占 27%。
这一年，新西兰牛油果正式获批进入中国市场。不过其出口量仅有 154 吨，
占比不到 0.5%。

墨西哥牛油果在中国市场占有率的计算公式为：

$$中国进口市场占有率 = \frac{中国进口牛油果总额}{中国从墨西哥进口牛油果总额} \qquad (10-1)$$

笔者整理了 2010 年以来中国从世界进口牛油果的数量和金额以及 2005
年以来中国从墨西哥进口牛油果的数量和金额。从表 10-2 和表 10-3 可以
看出，墨西哥牛油果出口中国的出口额和出口量都在 2016 年有一个不同程度
的降低趋势，不再保持增长，在 2018 年又逐渐趋向于增长态势。

表 10-2　　　　　　　2010～2018 年中国牛油果进口贸易

年份	总进口量		总进口额	
	进口数量（千克）	增长率（%）	进口金额（美元）	增长率（%）
2010	1932	—	9894	—
2011	31817	1546.84	106956	1081.02
2012	153634	382.87	354631	231.57
2013	1497751	874.88	3392153	856.53
2014	4065614	171.45	11955908	252.46
2015	15989033	293.27	45168136	277.79
2016	25127974	57.16	78387740	73.55
2017	32136916	27.89	107250786	36.82
2018	43859040	36.48	133380311	24.36

资料来源：UN Comtrade。

表 10-3　　　　　　　2005～2018 年中国进口墨西哥牛油果情况

年份	进口量		进口额	
	进口数量（千元）	增长率（%）	进口金额（美元）	增长率（%）
2005	50600	—	48841	—
2006	55	-99.89	710	-98.55

续表

年份	进口量		进口额	
	进口数量（千元）	增长率（%）	进口金额（美元）	增长率（%）
2008	4224	7580.00	9627	1255.92
2010	1932	-74.26	9894	2.77
2011	31761	1543.94	105816	979.60
2012	153634	383.72	354631	232.00
2013	1426711	828.64	3284172	826.08
2014	3955862	177.97	11662602	255.12
2015	13582283	242.48	38145249	227.07
2016	9995600	-26.41	31749668	-16.77
2017	8754376	-12.42	31227679	-1.64
2018	14962759	70.92	48197151	54.34

资料来源：UN Comtrade。

根据 UN Comtrade 的数据整合得出 2010～2018 年墨西哥牛油果在中国进口市场的占比，发现从 2015 年起，墨西哥牛油果在中国进口市场的占比开始下跌，2016 年大幅度下跌，从原先的 95% 以上降低至 30% 左右（见表 10 -4）。墨西哥牛油果尤其受到了智利、秘鲁牛油果的冲击，尤其是考虑到关税的影响。2015 年智利与中国签订了牛油果输华协议，相较于墨西哥牛油果、智利牛油果的关税较低，同年秘鲁牛油果也获得出口中国市场的检验检疫资格。综上所述，2015 年作为一个转折点，同时考虑到政府政策的影响在市场上存在延迟的效应，所以 2016 年的数据开始显示，墨西哥牛油果在中国的进口市场上占比开始大幅下跌。

表 10 -4　　　　2010～2018 年墨西哥牛油果在中国市场的占有率　　　单位：%

年份	进口数量占比	进口金额占比
2010	100.00	100.00
2011	99.82	98.93
2012	100.00	100.00

年份	进口数量占比	进口金额占比
2013	95.26	96.82
2014	97.30	97.55
2015	84.95	84.45
2016	39.78	40.50
2017	27.24	29.12
2018	34.12	36.14

资料来源：UN Comtrade。

由此说明了政策因素非常明显地影响了墨西哥牛油果在中国进口市场的份额，中国与其他国家的自贸协定会对墨西哥与中国的经贸关系造成极大的影响，政府的支持和关税的减免使得秘鲁、智利等国的牛油果在中国市场上的竞争力增强。同时在 2019 年，肯尼亚牛油果获得了出口中国市场的检验检疫资格，且和中国签订了贸易协定，中国预计将逐渐进口该国 40% 左右的牛油果。墨西哥牛油果的市场地位在 2019 年下半年起将会受到更多的冲击和挑战，必须及时采取相应的措施促进墨西哥牛油果在中国市场的出口。

二、显示性比较优势

显示性比较优势指数（RCA）作为衡量国际市场竞争力最具说服力的指标之一，其计算公式为：

$$RCA_{ij} = \frac{x_{ij}}{x_{tj}} \bigg/ \frac{x_{iw}}{x_{tw}} \qquad (10-2)$$

其中，X_{ij} 表示国家 j 出口产品 i 的出口值，X_{tj} 表示国家 j 的总出口值；X_{iw} 表示世界出口产品 i 的出口值，X_{tw} 表示世界总出口值。这一数据是为了说明国家某种产品或是服务在世界总量方面的相对优势。相比较市场占有率而言，显示性比较优势指标可以弥补市场占有率指标的缺点，降低因为总量变化和总量波动所带来的数据影响（王丽莎，2018）。

墨西哥牛油果在过去十年显示出的比较优势的数值非常高，因为墨西哥是牛油果的主要出口国，但是进一步的分析发现，墨西哥牛油果的 RCA 值整体呈下降趋势。从 2011 年起，墨西哥牛油果的显性比较优势指数逐年降低，2016 年跌至谷底（见表 10 - 5）。由此说明墨西哥牛油果的显示性比较优势在不断减少，受到了变化的国际形势以及国际贸易政策变化的影响。

表 10 - 5　　　　2007 ~ 2016 年墨西哥牛油果出口的 RCA

年份	RCA
2007	13. 708
2008	15. 111
2009	13. 477
2010	13. 070
2011	14. 009
2012	130430
2013	13. 178
2014	11. 838
2015	11. 096
2016	9. 521

资料来源：UN Comtrade。

第四节　墨西哥牛油果出口中国的优势

牛油果是中国消费升级浪潮中具有象征意义的产品。牛油果的培育周期比较长，无法做到当年种第二年就有收成。通常，牛油果育苗后，三年多才能结果，六年后才能达到丰产。因此，在我国要是想吃到新鲜又高质量的牛油果几乎百分之百要依赖于进口。而墨西哥种植历史悠久，产出全世界一半以上的牛油果，估计 2018 年的总产量约为 186 万吨。且唯有在墨西哥，牛油果能够一年四次开花结果，所以中国消费者全年都能在超市里买到墨西哥牛油果。这就大大满足了中国人民对牛油果的需求。其次，墨西哥牛油果相比较于智利或者秘鲁，在以下几个方面都有着巨大的优势。

一、运输时间不同

牛油果从智利或者秘鲁运输到中国的时间为 25 ~ 30 天左右，而从墨西哥到中国的运输时间仅仅为 19 天，较短的时间更好地保存了牛油果中的营养，也大大降低了它在运输途中由于时间过长而腐烂的可能性。目前，墨西哥正在尝试开辟海运与空运相结合的物流航线，这条航线连通了萨罗卡德纳斯港和上海，这就使得生鲜产品能够更快地达到中国。

二、价格不同

众所周知，近些年来，随着社会经济的发展，人民的生活水平不断提高，自然，人们会追求更高品质的水果。这就使得墨西哥牛油果出口到中国的数量大大增加，也因为出口数量的增加，墨西哥牛油果不像秘鲁或智利牛油果那样昂贵，价格上要便宜些，这就加大了人们对墨西哥牛油果的购买。

三、包装标准不同

拿著名的墨西哥牛油果生产商 West Pak 来说，它是墨西哥四大牛油果包装厂之一。牛油果到厂之后，首先会对牛油果的表面进行尘土清除，随后根据牛油果的大小、重量规格进行分拣和包装。并且全程可以追溯。包装厂还会对牛油果进行切割并检测其中是否含有果蝇，还会对含油量进行抽样检测。这就保证了每个出口到中国的牛油果都具有极高的品质。

四、口感不同

由于墨西哥是世界上最早培育牛油果的地方，这里肥沃的火山土和理想的气候使得墨西哥成为世界上最优质的牛油果产地，相比起秘鲁牛油果，墨西哥的牛油果口感更为柔软顺滑，也更受消费者的欢迎。

第五节 墨西哥牛油果出口中国的劣势

2017 年，向中国出口牛油果的国家主要有墨西哥、智利、新西兰、肯尼亚、秘鲁。三大进口国牛油果的进口量分别为：智利 1.67 万吨、墨西哥 0.88 万吨、秘鲁 0.67 万吨。

一、相较于智利的劣势

2005 年 11 月 18 日，中国与智利签署自由贸易协定，并从 2006 年 7 月 1 日开始实施。2015 年 9 月 4 日，智利农业部和我国国家质检总局正式签署了牛油果输华协议，据海关数据统计，2015～2017 年度，智利向中国出口的牛油果数量已经超过了 1.80 万吨，俨然成为中国第一大牛油果供应国。有学者预测，连续两年成为我国最大的牛油果供应国，智利牛油果稳定的质量、较长的产季，以及进口关税的优势使得智利能够继续把持头把交椅。无疑，这对墨西哥牛油果出口中国是巨大的威胁。

二、相较于秘鲁的劣势

2009 年 4 月 28 日，中国与秘鲁签署自由贸易协定。在货物贸易方面，中秘双方将对各自 90% 以上的产品分阶段实施零关税。2015 年 5 月，中国国家质检总局签署了《秘鲁鲜食鳄梨输华植物检疫要求议定书》。秘鲁正式获得了中国市场准入，成为继墨西哥和智利之后的第三个获准向中国出口牛油果的国家。因为秘鲁的气候条件良好，安第斯山脉雨水充足，牛油果又获得了投资者的青睐，秘鲁的牛油果产业发展非常好。此外，秘鲁过去 15 年间一直在扩大牛油果种植面积，发展配套物流和仓储设施。以上的种种对秘鲁牛油果的出口都有极大的促进作用。虽然秘鲁牛油果产季相对较短，但其很好弥补了同时段智利牛油果产季尾盘供应短缺、墨西哥牛油果同期质量不稳定造成的市场空缺。此外，中国对秘鲁哈斯牛油果的需求不断上涨。中国从秘鲁进口的哈斯牛油果总额已经由 2015 年的 10.4 万美元上涨至 2017 年的 1381 万美元。

三、相较于肯尼亚的劣势

2017 年，肯尼亚牛油果出口的快速增长使其超过南非，成为非洲大陆最大的牛油果出口国。据国际贸易中心（ITC）的数据显示，2017 年肯尼亚牛油果出口 51507 吨，创下出口纪录。正是由于肯尼亚牛油果出口的良好态势。2019 年 4 月 25 日，肯尼亚总统肯雅塔在中国参加"一带一路"国际合作高峰论坛期间与中国成功签署协议，使肯尼亚顺利成为第一个对中国出口牛油果的非洲国家。该协议生效后，中国有可能进口其 40% 的牛油果，成为其最大的海外市场。

以上资料都显示出了智利、秘鲁、肯尼亚三国牛油果出口中国有巨大的优势，这无疑是对墨西哥牛油果出口中国的巨大冲击。

第六节　墨西哥牛油果出口中国的对策建议

一、促进中国与墨西哥政府达成贸易协定

考虑到智利、秘鲁、肯尼亚等国家的牛油果对中国大幅出口的很大一个因素就是各种自贸协议的签署，国家层面的沟通促进了这些国家对中国出口牛油果，对墨西哥牛油果对华出口造成了极大的冲击，UN Comtrade 的数据也印证了墨西哥牛油果在华市场份额的急速下滑。墨西哥政府或者农业部等政府部门应该加强与中国政府的经贸合作和贸易磋商，在政策层面达成共识，帮助墨西哥牛油果产业对中国市场的出口。尤其是在关税、检验检疫等环节上，降低关税和简化检验检疫环节，可以极大程度地提高墨西哥牛油果在中国市场的出口竞争力。

墨西哥同美国达成的 USMCA 协定对中国具有一定的排他性，不利于中国与墨西哥达成自贸协定。为了追求政策上的利好，中国企业和墨西哥企业在企业层面上进行商谈，免除一些不必要的阻碍。虽然国家层面的自贸协定实现较为困难，但是仍然可以通过对话协商的方式，促进一些利好因素的达成。

二、提高生产力水平

墨西哥牛油果的主要产地位于米却肯州，随着牛油果的需求不断增长，提高生产力水平是十分关键和必要的对策。生产力水平的提高主要体现在生产技术的提升，提升了种植牛油果的生产技术可以大幅度提高牛油果的产量以及质量。同时可以减少每千克牛油果的生产成本，从而实现了控制成本、提高效率、确保品质，进而增强墨西哥牛油果的出口竞争力。考虑到牛油果作为水果这一品类，价格的起伏会直接影响到消费者对于牛油果的选择，提高生产力水平可以有效降低墨西哥牛油果的成本，从而增强竞争力，在中国市场上获得更多的市场份额。

三、完善品质管控体系

考虑到牛油果出口中国的运输时间加上过关时间通常在半个月左右，所以许多水果对华出口的时候存在损耗，部分企业会选择出口还没有完全成熟的牛油果到中国市场。但是在品质管控的环节中没有完善，以至于流入中国市场的牛油果基本不可食用，消费者对此的反馈不是很好。作为生鲜水果一类的产品，品质的管控是非常必要的，在供应链环节上应该更加完善。除了要达到出口的检验检疫标准，还需要考虑到市场上其他品类牛油果的品质对比。良好的品质可以促使墨西哥牛油果在中国市场上获得较好的价格，促进出口，增强竞争力。

第四篇

未来展望

| 第十一章 |

中拉命运共同体下的国际农产品贸易

　　自从中共十八大报告首次正式提出"命运共同体"（陈彩云，2017），中国与拉美在农产品贸易领域的合作状况如何？"命运共同体"理念能为中拉农产品贸易带来怎样的机遇？中拉双方该如何把握这一历史性机遇，推动农产品贸易发展呢？

　　国内学者对中拉农产品贸易问题进行了分析，张勇（2017）阐述了中拉农产品贸易的特征。宋海英（2013）考察了中拉农产品贸易的影响因素。但现有的数据仅追溯到 2010 年或 2015 年，中拉农产品贸易发生了哪些新变化，亟待利用最新数据资料加以分析。同时，国内学者针对中拉命运共同体进行了研究。贺双荣（2016）较早阐述了构建中拉"命运共同体"的必要性、可能性及挑战。范和生和唐惠敏（2016）梳理了中国与拉美命运共同体关系，并将其诠释为"以经贸合作为核心的命运共同体关系"。实际上，中拉命运共同体的明确提法源自 2014 年 7 月，习近平主席提出共同打造"你中有我、我中有你"的"中拉命运共同体"的理论话语与发展愿景，旨在推动中拉关系实现更大的发展（崔守军、徐鹤，2018）。江时学（2018）指出，构建中拉命运共同体是推动人类命运共同体建设的重要组成部分。谭道明（2016）也认为，构建中拉命运共同体之所以可能，在于双方人民拥有相同的梦想。

但遗憾的是，国内学者鲜有就命运共同体对中拉农产品贸易产生的影响方面的研究，本章在诠释中国与拉美农产品贸易特征的基础上，重点分析"命运共同体"理念给中拉农产品贸易带来的机遇，并提出相应的政策建议。

第一节　中国与拉美农产品贸易特征

一、贸易总量不断增大

从贸易总量上看，中国与拉美之间的农产品贸易呈现不断增大的态势（见图 11 - 1）。2001 年，中国与拉美的农产品进出口总额仅有 2575.03 百万美元；2017 年，这一数值提高到 36948.68 百万美元，增长了 13 倍多。出口方面，中国对拉美的农产品出口额从 2001 年的 174.01 百万美元提高到 2017 年的 2390.38 百万美元，年均增长 117.79%；进口方面，中国对拉美的农产品进口额则从 2001 年的 2401.02 百万美元迅速提升到 2017 年的 34558.29 百万美元，提高了 13.39 倍。

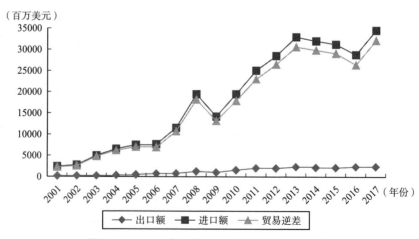

图 11 - 1　2001 年以来中国对拉美农产品贸易额

资料来源：UN Comtrade。

二、贸易占比逐渐扩大

从贸易占比上看，中国对拉美的农产品贸易额占中国农产品贸易总额的比重越来越高。2001 年，中国与拉美之间的农产品进出口额为 2575.03 百万美元，占中国农产品贸易总额的 9.22%，而到 2017 年，这一比重已扩大至 18.52%。事实上，自从加入世界贸易组织（WTO）的 2001 年以来，中国对拉美农产品的进口占中国农产品进口总额的比重始终保持在 20% 以上，2017 年的进口占比为 27.78%。由此可见，拉美在中国农产品贸易中的地位不可小觑。

三、贸易逆差持续拉大

从贸易差额上看，中国与拉美的农产品贸易呈现持续的逆差特征，且逆差额不断加大。2001 年，中国对拉美的农产品贸易逆差额为 2227.01 百万美元，2017 年的逆差额达到 32167.91 百万美元，扩大了 13.44 倍。

四、贸易集中度高

从市场集中度看，尽管拉美共有 33 个国家或地区，但与中国进行农产品贸易的国家非常集中，主要是巴西、阿根廷和墨西哥。从表 11-1 可见，中国农产品在拉美的主要出口市场是墨西哥、巴西和智利，分别占 2017 年中国农产品出口拉美总额的 30.68%、23.78% 和 12.05%，而接下来的哥伦比亚和秘鲁等的出口额相对较少。中国进口拉美农产品的来源国主要是巴西和阿根廷，占 2017 年中国进口拉美农产品总额的比重分别为 69.73% 和 10.59%。

表 11-1　　　　　　　2017 年前五大农产品贸易国及其贸易状况

排序	出口			进口		
	国家	出口额（百万美元）	占比（%）	国家	进口额（百万美元）	占比（%）
1	墨西哥	733.26	30.68	巴西	24098.80	69.73
2	巴西	568.47	23.78	阿根廷	3659.43	10.59

续表

排序	出口			进口		
	国家	出口额 （百万美元）	占比 （%）	国家	进口额 （百万美元）	占比 （%）
3	智利	287.93	12.05	智利	2129.43	6.16
4	哥伦比亚	116.78	4.89	乌拉圭	1841.60	5.33
5	秘鲁	90.32	3.78	秘鲁	1735.14	5.02

资料来源：UN Comtrade。

从产品集中度看，中国与拉美农产品贸易的产品集中度也很高（参见表11-2）。从 HS 编码的产品分类可见，中国出口拉美的农产品主要是第16章（肉、鱼、甲壳动物、软体动物及其他水生无脊椎动物的制品）、第3章（鱼、甲壳动物、软体动物及其他水生无脊椎动物）和第7章（食用蔬菜，根及块茎）产品，分别占2017年中国农产品出口拉美总额的21.80%、18.86%和15.83%。进口方面，2017年中国主要从拉美进口第12章（含油子仁及果实；杂项子仁及果实；工业用或药用植物；稻草、秸秆及饲料）产品，占全年进口总额的71.38%。

表11-2　　　　　　　　2017 年前五大进出口产品及其贸易状况

排序	出口			进口		
	产品	出口额 （百万美元）	占比 （%）	产品	进口额 （百万美元）	占比 （%）
1	16	521.10	21.80	12	24669.29	71.38
2	3	450.92	18.86	2	3221.99	9.32
3	7	378.29	15.83	23	1595.65	4.62
4	20	196.34	8.21	8	1394.00	4.03
5	23	133.81	5.60	3	707.52	2.05

资料来源：UN Comtrade。

第二节 中拉命运共同体理念带来的机遇

构建中拉命运共同体的初衷之一是经贸上的合作共赢，并积极倡导通过"1 + 3 + 6"合作框架，推动中拉务实合作在快车道上全面深入发展。无论是"一个规划"，还是"三大引擎"，抑或"六大领域"，深入考察都能发现农产品贸易已被蕴含其中。相信中拉农产品贸易将在命运共同体的理念下继续推向前进。

一、不断增长的经济总量拉动农产品贸易发展

理论上，随着经济规模的扩大，人均收入会增长；而人均收入水平的提高，无疑将增加对进口产品，尤其是与人们生活息息相关的农产品的需求；进而拉动农产品贸易的发展。

谢文泽（2018）指出，按人民币不变价格计算，2016 年中国 GDP 已达73.5 万亿元，之后几年，在年均 GDP 增长率不低于 6% 的水平下，2020 年中国的 GDP 可达 93.5 万亿元左右，人均 GDP 约 6.6 万元。这无疑将会给拉美的农产品带来广阔的市场空间。从这个意义上说，可预期的中国经济的增长将为中拉农产品贸易的发展提供动力。与此同时，拉美国家的经济增长也会给中国的农产品创造机会。

二、不断加快的一体化进程推动农产品贸易发展

多项研究（宋海英、尉博，2015）指出，无论是中国从拉美进口农产品，还是中国出口农产品到拉美国家，区域经济一体化组织（尤其是自由贸易区）都产生了显著的正向影响。通过相互取消关税和非关税贸易壁垒，并提升贸易投资自由化、便利化水平，建立贸易争端解决机制等方式，使中国与拉美的农产品贸易得以发展。

截至目前，中国与拉美地区建立了三大自由贸易区，分别为：2005 年生效的中国 – 智利自贸区；2010 年的中国 – 秘鲁自贸区和 2011 年的中国 – 哥斯达黎加自贸区。2017 年 11 月，中国与智利结束了自贸区升级谈判，并签

署升级《议定书》。2015 年 5 月,李克强总理在访问拉美的演讲中,数次提到"自由贸易",也明确表态中方愿同更多拉美国家签署自由贸易协定。可见,中国愿意在命运共同体理念下,继续加快与拉美国家的一体化进程,通过建立双边或多边自贸区等方式,为中拉农产品贸易的发展注入新动力。

三、不断扩大的投资规模促进农产品贸易发展

众所周知,投资与贸易是相辅相成、互相推动的。2014 年 7 月,习近平主席在巴西利亚中拉领导人会晤时表示,"中国政府鼓励和支持更多中国企业赴拉美投资兴业,力争实现 10 年内对拉美投资存量达到 2500 亿美元。"中拉论坛首届部长级会议还明确了实施 5000 万美元的中拉农业合作专项资金。2016 年 11 月发表的《中国对拉美和加勒比政策文件》中明确表示将加强农业合作,鼓励双方企业积极开展农产品贸易活动。可见,中国与拉美命运共同体理念下的这些举措,无疑将给双方的农产品贸易提供机会。

从投资数据看,2014 年以来,中国对拉美的直接投资存量不断创出历史新高(见图 11-2),2016 年更是在 2015 年的基础上增长了 63.99%,达到2017.53 亿美元。拉美作为世界上最具发展潜力的地区之一,也是中国海外投资仅次于亚洲的第二大目的地。数据显示,目前在拉美投资的中资企业已超过 2000 家。

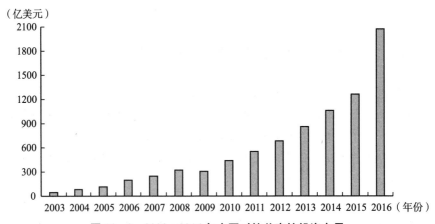

图 11-2 2003~2016 年中国对拉美直接投资存量

资料来源:《中国对外直接投资统计公报》。

四、不断创新的合作方式带动农产品贸易发展

"志合者，不以山海为远。"中国与拉美虽相距遥远，但双方在命运共同体理念的指引下，经贸合作的意愿日益增强，合作的方式和途径不断增加，农产品贸易也必将得到发展。

一方面，双方合作的领域不断拓宽。2008年11月中国政府发表的第一份对拉美政策文件，确定了34个合作领域。2016年11月发表的第二份文件增加了新的合作领域，如落实2030年可持续发展议程、应对气候变化、网络安全等。另一方面，双方合作的方式不断增多。《中国与拉美和加勒比国家合作规划（2015—2019）》确立了一系列合作措施，如加强服务贸易和电子商务合作，加强和深化农业领域合作等。

此外，"一带一路"倡议的自然延伸将给中拉农产品贸易提供新的机遇。2018年1月，中国－拉共体论坛指出，拉美和加勒比国家是海上丝绸之路的自然延伸和"一带一路"国际合作不可或缺的参与方。中国社科院拉丁美洲研究所谢文泽研究员表示，"一带一路"能赋予携手发展的中拉命运共同体新内涵，全面对接"一带一路"将开启推进构建中拉命运共同体的新时代。

第三节　推动中拉农产品贸易的政策建议

命运共同体理念虽然给中拉农产品贸易提供了千载难逢的历史性机遇，但宏伟蓝图要变成现实，仍需中拉双方的共同努力。具体建议如下：

一、认真执行相关文件，促进农产品贸易发展

截至目前，中国政府发表了两个对拉政策文件，此外，与中拉命运共同体理念直接相关的还包括国家领导人发表的主旨讲话和演讲、重要会议制定的规划、行动计划、宣言、声明等十来项。这些文件不仅给中国与拉美的合作绘制了美好蓝图，更给双方确定了努力的目标，有的文件直接点明了操作的方式方法。而中拉农产品贸易能否得到推进，取决于这些目标能否顺利实

现。因此，正如江时学（2018）所指出的，"大道至简，实干为要"，中拉命运共同体能否成为现实，关键在行动。

投资方面，2014 年，中方确立了"力争 10 年内对拉美投资存量达到 2500 亿美元"的目标。根据近几年中国对拉美投资的增长幅度，实现这一目标的可能性是存在的，但必须进一步加大投资力度（江时学，2018）。合作领域方面，应严格执行中国对拉美政策文件的精神，不断拓宽合作领域，争取为农产品贸易创造更多空间。合作方式上，中拉企业家高峰会、中拉农业部长论坛等不仅要办，更要办好、办出成效，力争为中拉农产品贸易开疆拓土。

二、有效加快一体化进程，推进农产品贸易多元化

中国仅与拉美 33 个国家中的智利、秘鲁和哥斯达黎加签署了自贸区协议，正在谈判的有中国 – 巴拿马自贸区；正在研究的有中国 – 哥伦比亚自贸区、中国 – 秘鲁自贸协定升级。中国可采取多边与双边"多管齐下"的策略推进区域经济一体化，为中拉农产品贸易多元化提供便利，以缓解农产品贸易的高市场集中度和高产品集中度，降低贸易风险。

多边自贸区方面，作为南美地区最大的经济一体化组织，南方共同市场（南共市）当前由乌拉圭任轮值主席国，乌拉圭总统巴斯克斯强调，"中国是南共市最大的贸易伙伴，不容忽视"。他提出南共市应恢复与中国的自贸谈判。双边自贸区方面，中国应加快与巴拿马的自贸区谈判，争取早期达成一致。与哥伦比亚的自贸区研究，以及与秘鲁的自贸区协定升级研究也需抓紧。另外，还可与其他有意愿同中国建立自贸区的国家接触，比如乌拉圭、阿根廷等，力争实现更大范围、更宽领域的一体化，为降低中拉农产品贸易风险。

三、深入对接"一带一路"，助推农产品贸易步伐

拉美和加勒比国家是海上丝绸之路的自然延伸和"一带一路"国际合作不可或缺的参与方。中国应加快拉美对接"一带一路"倡议相关问题的研究，为中拉农产品贸易清除障碍。

正如中国拉丁美洲和加勒比友好协会副会长，原驻玻利维亚、阿根廷、

委内瑞拉和古巴大使张拓所说，"一带一路"不是一个单方的行动，不是由中方作为主角，而是双方进行互动，也就是将双方的努力对接起来。具体的对接策略有五个方面：第一是理论对接；第二是需求对接，我们要了解拉丁美洲最实际的需求；第三是层次对接，从中国的外交优先方向来看，拉美地区与中国周边地区层次间有落差；第四是民生对接；第五是多元对接。"一带一路"要互利双赢，不能只寄希望于政府工作，还要通过市场化操作，实现提质升级。

| 第十二章 |

中国与拉美农产品贸易潜力分析[*]

2019 年中央一号文件指出实施重要农产品保障战略，要求加强顶层设计和系统规划，立足国内保障粮食等重要农产品供给，统筹用好国际国内两个市场、两种资源，科学确定国内重要农产品保障水平，健全保障体系，提高国内安全保障能力。同时，也提出加快推进并支持农业走出去，加强"一带一路"农业国际合作，主动扩大国内紧缺农产品进口，拓展多元化进口渠道。事实上，自 2018 年中美经贸摩擦暴发以来，中国农产品贸易理念与格局已经产生了较大变化，受此影响，中国将积极寻找第三方替代国，以减少对美国农产品的依赖。而作为"21 世纪世界粮仓"的拉美地区，能否抓住这次难得的机遇，有效满足中国消费者的需求，为中国的重要农产品提供保障？更进一步地除了数量之外，仍然还有很多方面亟待中拉双方共同努力，以真正实现拉美农产品进入中国市场。笔者认为，在当前中美经贸摩擦的背景下，有必要对我国农产品贸易的格局进行反

---

* 本章主要内容已发表，见：宋海英，胡冰川. 经贸摩擦背景下中国与拉美农产品贸易分析 [J]. 华南农业大学学报（社会科学版），2019（5）：96 – 103。

思，尤其需要对中国与拉美地区的农业合作进行全新的认识，从而为更好地应对中美经贸摩擦，为我国实施重要农产品保障战略提供支撑。

第一节　基本事实

2018 年 3 月 23 日，美国总统特朗普签署对华贸易备忘录，并宣布对中国商品加征关税，扣动了新一轮中美经贸摩擦的扳机。当天，中国商务部随即发布针对美国进口钢铁和铝产品的中止减让清单，拟对美加征关税，以平衡贸易损失。4 月 3~4 日，美国和中国各自公布征税清单，分别针对 500 亿美元的进口商品，税率均为 25%。

2018 年 7 月 6 日，中美两国正式启动对 340 亿美元进口商品加征 25% 关税的措施，经贸摩擦进入白热化阶段。7 月 11 日，美国提出对从中国进口的 2000 亿美元的商品加征 10% 的关税，8 月 2 日，美国声明拟将加征税率由 10% 提高至 25%。中国决定对美国 600 亿美元的商品加征 25%、20%、10%、5% 不等的关税。8 月 8 日，中美两国决定从 8 月 23 日起对 160 亿美元的商品加征 25% 的关税。9 月 18 日，美国宣布自 9 月 24 日起，对从中国进口的 2000 亿美元商品加征 10% 的关税，2019 年 1 月 1 日起加征关税税率提高到 25%。中方则对已公布的约 600 亿美元商品加征 10% 或 5% 的关税。

美国对华征税的商品主要集中在航空航天、信息和通信技术、机器人和机械、医药等行业。而中国公布的征税清单主要针对在中国有巨大市场的美国商品，涵盖农产品、汽车、化工等领域。农产品方面，涉及大豆、玉米、小麦、棉花、高粱、烟叶、猪肉、牛肉等多个品类。从中国对美征税的农产品与中国自美进口的农产品两者的对比中发现，中国对美加征关税的农产品清单涉及了中美贸易的主要农产品，将对美国农产品销售带来冲击。

经贸摩擦以来，中美两国的贸易谈判从未间断。2019 年 2 月 24 日，第七轮中美经贸高级别磋商在美国华盛顿结束。美国总统表示，将延后原定于 3 月 1 日的加税措施。随着双边谈判的深入，积极预期逐步显现，未来中美经贸合作将大概率回归正常轨道。尽管如此，实施重要农产品进口保障战略，确保粮食安全，满足人民日益增长的美好生活需要仍然是应有之义。

第二节　研究综述

国内外学者对中美经贸摩擦问题进行了深入的研究。布拉特伯格（Brattberg，2018）认为，美国在21世纪的今天启动贸易摩擦不合时宜，特朗普的做法会威胁跨大西洋伙伴关系，削弱其在全球的影响力。波森（Posenm，2018）指出，特朗普发起对中国的经贸摩擦是20世纪40年代以来"最危险的举动"，它将使美国陷入经济上的"阿富汗"。国内学者中，佟家栋（2018）认为，中美经贸摩擦绝不是简单的贸易不平衡问题，而是关系到未来20～50年谁能在世界产业发展中居主导地位的问题，应给予充分重视。石建勋和刘宇（2019）指出，中美贸易争端对两国和世界的经济发展都产生严重的负面影响。实证研究方面，张志明和杜明威（2018）利用多区域投入产出模型估计了中美经贸摩擦的贸易效应，发现会导致美国的损失显著大于中国。但崔连标等（2018）采用多区域CGE模型评估中美经贸摩擦的经济影响，认为中国的受损更严重。

在贸易摩擦对农产品贸易的影响上，帅传敏（2009）认为如果中美之间产生贸易摩擦，在农业上只会损害美国的利益，对中国农业发展来说是机遇。韩一军和纪承名（2018）也指出，中美经贸摩擦是长期的、系统的、复杂的，短期国内大豆价格可能阶段性走高，但长期来看对中国农业发展有一定利好。吴红蕾（2018）则认为，中美经贸摩擦对中国农产品市场冲击较大，由于大豆进口规模降低，可能使国内大豆价格上涨，进而导致肉制品价格上涨，最终引致国内物价的上涨。崔连标等（2018）的研究发现，中国的农业反制措施会压缩美国农产品在中国的市场占有率，但这并不能提高中国农产品的出口水平。在具体产品上，严毅博等（2018）指出，中美经贸摩擦会减少美国大豆对中国的出口，但对小麦、玉米的影响微弱。郑等（Zheng et al.，2018）的分析表明，中国报复性关税将使美国猪肉的国内价格下降0.6%、高粱的价格降低10.6%，棉花和猪肉的产量将减少0.2%，高粱的产量将下降2.1%。

针对中美经贸摩擦的贸易转移效果，韩一军和纪承名（2018）指出，中国对美国大豆加征关税后，短期内我国大豆进口的重点将转向巴西、乌拉圭等拉美国家。夏青（2018）认为，中美经贸摩擦会促进大豆进口来源多元化，对中国猪肉市场的影响甚微，水果、干果及坚果可能寻找替代。金洁颖和华晶（2018）也指出，中美经贸摩擦将促使中国寻找其他的渠道满足市场需求，如增加从巴西的大豆进口。吴志华（2019）则认为，中美经贸摩擦会间接影响拉美市场，给中拉经贸往来增添不确定的风险。实证分析方面，罗斯亚迪和维多多（Rosyadi and Widodo，2018）运用全球贸易分析项目（GTAP）模型进行估计，发现摩擦将促使中美两国增加对第三国的出口。塔赫里普尔和泰纳（Taheripour and Tyner，2018）在标准 GTAP 模型中考虑中国对美国农产品加征关税的影响，结果显示中国将减少 47.7% 的美豆进口，但从巴西的进口将增加 18.0%。周曙东等（2019）运用 GTAP 模型的分析发现，摩擦将使中国减少对美豆的进口，而对巴西、阿根廷等国的大豆进口将增加 27.16%；同时，中国将大幅减少从美国的水果蔬菜坚果进口，而对智利等国的进口将增加 2.25%。

纵观上述研究，国内外学者大多认为中美经贸摩擦对中国和美国，乃至全球经济都产生严重的不利影响，进一步的实证分析表明，经贸摩擦必然减少美国农产品对中国的出口，中国农产品的进口需求亟待第三国来满足。在大豆产品上，巴西、阿根廷等拉美国家具备一定的潜力，能够在短期内实现对美国的供给替代，但学者们对其他农产品的分析较少。而且，即使在大豆上，巴西和阿根廷等拉美国家的大豆质量如何，能否有效满足中国市场的需求，也是不得不考虑的问题。因此，笔者将在初步分析中美经贸摩擦对农产品贸易直接影响的基础上，重点考察拉美农产品替代美国进军中国市场的可行性，进而深入探究拉美农产品供给中国市场的其他相关问题，为化解经贸摩擦对中国农产品贸易的影响，为中国实施重要农产品保障战略提供参考。

第三节　中美经贸摩擦对农产品贸易的直接影响

一、中美经贸摩擦对美国农产品贸易的影响

从美国的角度看，经贸摩擦直接打击的是美国农产品对中国的出口。

2017 年，美国对中国出口 200.51 亿美元农产品①，占其对世界农产品出口总额的 13.17%。美国农产品在遭遇中国加征的关税后，农产品贸易成本增加，国际竞争力削弱，对中国的出口必定减少。

从具体的产品看，美国对中国出口较多的是植物类产品（见图 12－1）。2017 年，植物类产品占美国对中国农产品出口总额的 73.98%，其中仅第 12 章（主要是大豆）产品就出口了 128.69 亿美元，占比达 64.18%；第 10 章（主要是高粱）产品也出口了 13.49 亿美元，占对中国农产品出口总额的 6.73%。活动物和动物产品的出口也比较多，第 2 章、第 3 章、第 4 章产品分别占比 2.60%、5.97%、2.04%。

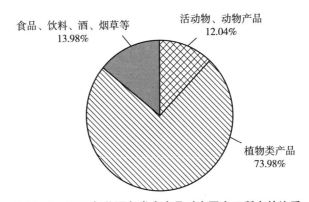

图 12－1　2017 年美国各类农产品对中国出口所占的比重

注：农产品的分类：动物类产品包括 HS 代码为 01～05 的产品；植物类产品包括 HS 代码为 06～14 的产品；食品、饮料、酒、烟草等包括动物类、植物类产品之外的所有农产品。
资料来源：UN Comtrade，经计算获得。

从出口的地位看，植物类产品对中国的出口占其对世界同类产品总出口的比重也是最高的。2017 年的比重达 21.90%，高于活动物和动物产品的 8.56%，以及食品、饮料、酒、烟草等产品的 4.97%。从个别产品来看，第 12 章（主要是大豆）、第 3 章（主要是水产品）、第 5 章（其他动物产品）对中国的出口非常重要，分别占美国对世界同类产品总出口的 48.81%、

---

①　本章的农产品指海关编码（HS）下第 01～24 章产品，及部分其他产品（3301，3501，3502，3503，3504，3505，382360，380910，4101，4102，4103，4301，5001，5002，5003，5101，5102，5103，5201，5202，5203，5301，5302，5303）。除特别说明外，数据均来自 UN Comtrade 数据库。

23.36%、22.82%。如果中国的反制关税超过了美国农产品出口商的承受范围，美国的相关产业将遭遇一定程度的动荡。

二、中美经贸摩擦对中国农产品贸易的影响

经贸摩擦持续期间，中国的农产品进口将受到冲击。从总量上看，2017年，中国进口了美国 232.14 亿美元的农产品，占从全世界农产品进口总额的18.66%。经贸摩擦背景下，如何保障国内农产品的有效供给，是亟待深入思考的问题。

从产品上看，植物类产品同样也是中国自美进口农产品中最重要的产品。2017 年，中国自美国进口了 169.57 亿美元植物类产品，占中国自美农产品进口总额的 73.05%；活动物和动物产品占比为 12.79%；食品、饮料、酒、烟草等产品占 14.17%。从重要性看，第 12 章（主要是大豆）和第 10 章（谷物）产品从美国的进口对中国来说非常紧要，占中国从全世界同类产品进口总额的比重分别达 32.94% 和 23.59%（见表 12 - 1）。其他占比较高的产品有第 20 章（蔬菜、水果、坚果或植物其他部分的制品）、第 21 章（杂项食品）、第 5 章（其他动物产品）、第 3 章（鱼、甲壳动物、软体动物及其他水生无脊椎动物）和第 2 章（肉及食用杂碎），分别占同类产品进口总额的 19.44%、18.49%、18.18%、17.06% 和 12.51%。

表 12 - 1　　　　　　　　2017 年各章农产品自美进口及其占比

产品编码	12	10	20	21	5	3	其他	23	2	8
自美进口金额（亿美元）	145.60	15.10	2.72	4.42	1.12	12.26	12.64	5.22	11.87	7.66
进口占比（%）	32.94	23.59	19.44	18.49	18.18	17.06	16.47	15.36	12.51	11.98

资料来源：UN Comtrade，经计算获得。

第四节　经贸摩擦背景下拉美农产品进军中国市场的潜力

经贸摩擦背景下，中国对来自美国的农产品加征关税，将提高美国农产

品的贸易成本，削弱其国际竞争力，导致美国农产品对中国的出口受到冲击。但中国消费者的农产品需求缺乏弹性，因而必然寻找第三方来源，以满足市场需求。而作为 21 世纪"世界的粮仓"（孙东升等，2011）的拉美地区，其土地辽阔、资源丰富，具备农业生产的优越条件，理论上完全有可能代替美国，进驻中国农产品市场。但现实的情况如何，需要进一步的具体分析。

总量上，2017 年中国从拉美地区进口了 345.58 亿美元农产品，超过从美国进口的金额（232.14 亿美元）。但如若拉美代替美国进驻中国农产品市场，也就是说，拉美要在保证既有市场份额的基础上再增加对中国的农产品出口，这是个增量概念。2017 年，拉美对中国出口农产品 319.94 亿美元，仅占其对世界农产品出口总额的 14.50%。由此可见，在数量上，拉丁美洲具备替代美国进军中国农产品市场的潜力。

产品上，由于每种产品具有自身的特性，在中国市场所处的地位也不尽相同。下面，根据不同的潜力类型对主要的几种农产品展开分析。

一、潜力有限型——第 12 章、第 10 章农产品

在第 12 章（含油子仁及果实；杂项子仁及果实；工业用或药用植物；稻草、秸秆及饲料）农产品上，拉美取代美国的潜力不大。如表 12 - 2 所示，2017 年，美国对中国出口了 128.69 亿美元第 12 章产品，拉美对中国的出口金额为 232.38 亿美元，而同期拉美对世界的出口额仅为 334.36 亿美元，尚未达到美国和拉美对中国的出口额之和。诚然，如果拉美利用其丰富的土地资源，扩大再生产，再压缩其内部需求，进一步拓展中国市场的可能性还是存在的。具体到对中国出口最多的第 1201 章农产品（大豆），2017 年美国对中国出口 3111.90 万吨，而同年拉美对中国出口了 6176.24 万吨，拉美对全球的出口量仅为 8495.30 万吨，也没有达到美国和拉美对中国出口量的总和。尽管拉美地区当年产出大豆 18500.07 万吨（前三大产豆国分别为巴西、阿根廷和巴拉圭）①，但其内部市场需求和除中国之外的国际市场需求也不可能完全忽略，因此，拉美在这类产品上替代美国的潜力比较有限。

---

① 本章的产量数据均来自联合国粮食及农业组织（FAO）。

表 12 - 2   2017 年美国、拉美、世界各类农产品贸易状况

类型	具体农产品	美国对中国出口			拉美对中国出口			拉美对世界出口		
		出口额（亿美元）	出口量（万吨）	单价（美元/千克）	出口额（亿美元）	出口量（万吨）	单价（美元/千克）	出口额（亿美元）	出口量（万吨）	单价（美元/千克）
12		128.69			232.38			334.36		
	1201	122.53	3111.90	0.394	232.20	6176.24	0.376	318.02	8495.30	0.374
10		13.49			0.04			142.27		
	1007	8.40	417.73	0.201	0	0		0.76	47.97	0.159
20		2.33			2.17			75.19		
	2008	1.12	5.30	2.112	1.39	10.40	1.338	20.58	128.25	1.605
	2004	0.86	7.51	1.152	0	0		2.38	19.81	1.204
21		1.98			0.18			39.75		
	2106	1.76	1.41	12.478	0.08	0.08	10.344	16.46	24.56	6.702
5		2.69			0.06			8.83		
	0504	1.92	3.53	5.447	0.04	0.11	3.432	5.81	22.14	2.626
3		11.97			7.53			135.70		
	0303	8.23	33.14	2.482	1.61	3.56	4.509	22.36	72.95	3.065
2		5.22			31.64			219.83		
	0206	2.51	14.75	1.700	1.16	8.09	1.438	9.50	48.14	1.974
	0203	2.37	12.75	1.861	1.62	9.15	1.773	23.88	85.12	2.806

资料来源：UN Comtrade，经计算获得。

在第 10 章（谷物）农产品上，拉美替代美国的潜在可能性亦不大。2017 年，美国对中国出口了 13.49 亿美元第 10 章农产品，拉美对中国的出口额仅有 0.04 亿美元。但需要提及的是，当年拉美对全世界出口了 142.27 亿美元第 10 章农产品。具体到美国对中国出口最多的第 1007 章农产品（高粱），美国在 2017 年对中国出口了 417.73 万吨，而拉美当年并未对中国出口该类产品，其对全球的出口量也仅有 47.97 万吨。不过，拉美 2017 年生产出1082.71 万吨高粱，其中的绝大部分都用于内部消费。如果的确需要寻找拉美替代美国的潜力，一条可能的途径就是利用同类产品替代。例如，阿根廷、巴拉圭和墨西哥等拉美国家当年对全球出口了 2732.27 万吨的 1005 章农产品

（玉米）；阿根廷、巴西和墨西哥等拉美国家对全球出口了 1479.79 万吨的 1001 章农产品（小麦）。

二、潜力较大型——第 21 章、第 5 章、第 3 章农产品

在第 21 章（杂项食品）农产品上，拉美具备较强的替代性。2017 年，美国对中国出口了 1.98 亿美元第 21 章农产品，同期拉美对中国的出口额虽仅有 0.18 亿美元，但巴西、墨西哥和哥斯达黎加等拉美国家对世界的出口额达 39.75 亿美元。中美经贸摩擦如果导致美国这类产品无法对中国出口，拉美可以将对其他国家的销售转向中国，毕竟中国市场的价格要高于世界市场价格（见表 12 - 2）。具体到美国对中国出口最多的第 2106 章农产品（食品），2017 年美国对中国出口了 1.41 万吨，拉美对中国的出口仅有 0.08 万吨，但仅墨西哥就对世界出口了 6.14 万吨、巴西出口了 5.92 万吨、阿根廷出口了 3.67 万吨，可见，拉美应该具备替代美国对中国出口的条件。

在第 5 章（其他动物产品）农产品上，拉美对美国的可替代性也比较强。2017 年，美国对中国出口 2.69 亿美元第 5 章农产品，拉美对中国的出口额虽仅有 0.06 亿美元，但巴西、阿根廷、巴拉圭等拉美国家对世界的出口额达 8.83 亿美元。具体到美国对中国出口最多的第 0504 章农产品（除鱼以外的动物内脏），2017 年美国对中国的出口量为 3.53 万吨，拉美对中国的出口虽然只有 0.11 万吨，但仅巴西就对世界出口了 14.60 万吨，拉美地区的出口总量达 22.14 万吨，替代的可行性比较强。

在第 3 章（鱼、甲壳动物、软体动物及其他水生无脊椎动物）农产品上，拉美替代美国的潜力也比较大。2017 年，美国对中国出口 11.97 亿美元第 3 章产品，拉美对中国虽然只出口了 7.53 亿美元，但其对全世界的出口高达 135.70 亿美元，大大超过了美国和拉美对中国出口的总和。在美国对中国出口较多的第 0303 章产品（水产）上，2017 年美国对中国出口了 33.14 万吨，拉美对中国的出口虽仅有 3.56 万吨，但智利、阿根廷等拉美国家对世界的出口量达 72.95 万吨，应该能满足中国市场的需求。

三、潜力巨大型——第 20 章、第 2 章农产品

在第 20 章（蔬菜、水果、坚果等制品）农产品上，拉美替代美国的可行性非常强。2017 年，美国对中国出口 2.33 亿美元第 20 章农产品，同期拉美对中国出口 2.17 亿美元，但其对全球出口了 75.19 亿美元，大大超过了美国和拉美对中国的出口总和。具体到美国对中国出口较多的第 2008 章农产品（水果、坚果），2017 年美国对中国出口了 5.30 万吨，拉美的智利、秘鲁、哥斯达黎加等国则对中国出口了 10.40 万吨，其对全球的出口更是高达 128.25 万吨；再从美国对中国出口较多的第 2004 章农产品（冷冻蔬菜）看，2017 年美国对中国的出口量为 7.51 万吨，尽管拉美对中国没有出口，但仅阿根廷一国对全球的出口量就达 16.87 万吨，因此，拉美应该具备满足中国市场需求的条件。

在第 2 章（肉及食用杂碎）农产品上，拉美也可以替代美国进驻中国市场。2017 年，美国对中国出口 5.22 亿美元第 2 章农产品，拉美对中国的出口高达 31.64 亿美元，对世界市场的出口达 219.83 亿美元，在贸易金额上，完全能满足中国市场的需求。具体到美国对中国出口较多的第 0206 章农产品（可食用动物内脏），2017 年美国对中国出口了 14.75 万吨，拉美虽然只对中国出口了 8.09 万吨，但仅巴西一国对全球的出口量就有 21.99 万吨，拉美的出口量之和达 48.14 万吨。再看美国对中国出口较多的第 0203 章农产品（猪肉），2017 年美国对中国出口了 12.75 万吨，拉美尽管只对中国出口了 9.15 万吨，但仅巴西对全球的出口量就达 59.26 万吨，拉美地区对全球的总出口量高达 85.12 万吨，完全具备满足中国市场需求的数量条件。

第五节　拉美农产品供给中国市场的其他相关问题

前述分析表明，从贸易金额和贸易数量上看，拉美在大多数农产品上都具备替代美国，供应中国市场的条件，但其能否将这种潜在可能变成现实，还取决于诸多其他因素的影响。

一、农产品质量

在满足中国消费者的农产品需求方面，产品质量是必须考虑的重要因素。但从以单位价格表示的产品质量来看，拉美农产品的质量大多比不上美国的同类产品。从表 12 - 2 可见，2017 年在中国市场销售的农产品中，除了第 0303 章农产品（水产）外，其他所有拉美出口到中国的重要农产品的单价均低于美国。正所谓"一分价钱一分货"，单价较低某种程度上意味着产品的质量也较差，中国消费者能否接受来自拉美的低质农产品？这是个值得商榷的问题。另外，根据陈萍等（2010）对进口大豆质量的检验，发现美国大豆热损伤粒和损伤粒的指标均比巴西和阿根廷大豆更严格，美国规定热损伤粒限制在 0.5%，损伤粒限制在 3%；而巴西和阿根廷规定热损伤粒限制在 5%，损伤粒限制在 8%，均高于美国的标准。这也进一步验证了来自巴西、阿根廷等拉美国家大豆的质量不如美国。因此，拉美的农产品要立足中国市场，产品质量的提升刻不容缓。

二、供应链体系

当前，ABCD 四大跨国粮商，即 ADM（Archer Daniels Midland）、邦基（Bunge）、嘉吉（Cargill）和路易达孚（Louis Dreyfus），掌控着全球 80% 以上的粮油贸易。其凭借强大的技术、资金、品牌、渠道、管理等优势，通过横向并购和纵向一体化战略进行全球化的产业链布局，从种子化肥、生产种植到仓储运输、流通销售，同时又在期货和现货的金融市场组建有影响力的基金公司，与金融力量联手，这种链条式的发展模式高度控制着全球粮价（朱勤等，2015）。在跨国粮商实行的"从种子到餐桌"的全产业链控制模式下，中国的农产品需求要想自由地选择拉美作为替代美国的主要供给来源似乎成了一句空话。那么，如何将拉美地区更好地纳入全球农产品供应链体系，如何加强中国与拉美国家的农业合作，就成为双方关注的焦点。

三、国际营商环境

2018 年 10 月 1 日，美国、墨西哥和加拿大达成的《美墨加协定》（*The*

United States-Mexico-Canada Agreement，USMCA）尽管对于保障区域内成员的短期利益有一定的帮助，但必将损害全球范围的长远利益，尤其是里面的"毒丸"条款，不仅要求缔约国向其他成员国透露与非市场经济国家贸易谈判的目标和协议文本，甚至规定一旦签订了自由贸易协议，其他缔约国有权终止该协议。这一条款将不被美国承认为"市场经济国家"的中国作为明确的防范对象，因而在没有美国许可的情况下，中国与墨西哥签署自由贸易协议的可能性几乎为零（宋海英、刘冬，2018）。《美墨加协定》的实施给中墨之间的农业合作困住了手脚。而墨西哥作为拉美地区的农业大国之一，"美国因素"就成为中拉农产品贸易合作中不得不充分重视的问题。

第六节 推动中国与拉美农产品贸易的政策建议

中拉双方在密切关注中美经贸摩擦事态发展的基础上，可从以下几方面着手，为满足中国的农产品需求提供保障。

一、加强进口农产品质量监管

拉美农产品要取代美国进入中国市场，产品质量是必须通过的第一关。尽管陈容和许和连（2018）的研究表明，中国从巴西进口的谷物、油料、动植物油脂、糖及糖食等农产品质量总体上呈上升趋势，但拉美农产品要满足中国消费者日益增长的多元化需求，产品质量的提升仍有很大的空间。因此，我们有必要强化对拉美进口农产品的质量监管，在实行境外农产品生产企业全面注册的基础上，探索进口注册的"前置监管"措施与口岸查验手段相结合，并加强对大豆、高粱、水产品、猪肉等重点农产品的进口质量检测，确保高质量的拉美农产品进入中国市场。同时，在提高进口农产品的质量安全水平方面，有必要对进口商和收货人实施"诚信等级分类管理"、对进口农产品实施"风险等级分级管理"，在提高进口农产品检验检疫通关效率的基础上，尽可能地降低质量安全风险，为拉美农产品进驻中国市场提供便利。

二、推进中拉区域经济一体化

已有研究证实，区域经济一体化组织（尤其是自由贸易区）能显著地促进中国与拉美的农产品贸易（宋海英，2013）。尽管中国与墨西哥组建自由贸易区的可能性不大，但我们可以在巩固中国－智利、中国－秘鲁、中国－哥斯达黎加自由贸易区现有成果的基础上，采取多边与双边"多管齐下"的策略，继续推动农产品贸易领域的合作，最大限度地减少"美国因素"对中拉经贸合作的干扰。多边自贸区方面，南方共同市场（南共市）是南美地区最大的经济一体化组织，当前其轮值主席（乌拉圭总统巴斯克斯）强调，"中国是南共市最大的贸易伙伴，不容忽视"，并提出南共市应恢复与中国的自贸谈判。双边自贸区方面，中国应加快与巴拿马的自贸区谈判，争取早期达成一致。与哥伦比亚的自贸区研究，以及与秘鲁的自贸区协定升级研究也需抓紧。另外，还可与其他有意愿同中国建立自贸区的国家接触，比如乌拉圭、阿根廷等，力争实现更大范围、更宽领域的一体化，深入推进中拉农产品贸易。

三、改善农产品贸易营商环境

截至 2019 年，中国政府发表了两个对拉美的政策文件，我们应严格执行文件精神，不断拓宽合作领域，争取为农产品贸易创造更多空间。同时，拉美和加勒比国家是海上丝绸之路的自然延伸和"一带一路"国际合作不可或缺的参与方。中国应加快拉美对接"一带一路"倡议相关问题的研究，为中拉农产品贸易清除障碍。正如中国拉丁美洲和加勒比友好协会副会长，原驻玻利维亚、阿根廷、委内瑞拉和古巴大使张拓所说，"一带一路"不是一个单方的行动，不是由中方作为主角，而是双方进行互动，也就是将双方的努力对接起来。"一带一路"要互利双赢，不能只寄希望于政府工作，还要通过市场化操作，实现提质升级。

参考文献

一、中文部分

[1] 蔡鑫. 基于引力模型的中国－拉丁美洲农产品贸易影响因素及贸易潜力实证研究 [J]. 对外经贸, 2013 (12)：17－20.

[2] 陈彩云. 习近平命运共同体思想：背景、层次及内涵 [J]. 中共天津市委党校学报, 2017, 19 (6)：28－32.

[3] 陈灿. NAFTA 对墨西哥农产品对外贸易的影响分析 [D]. 长春：吉林大学, 2018.

[4] 陈创练, 谢学臻, 林玉婷. 全球贸易效率和贸易潜力及其影响因素分析 [J]. 国际贸易问题, 2016 (7)：27－39.

[5] 陈冬冬, 张峭, 王川. 农产品质量安全及其国际竞争力评价 [J]. 中国农学通报, 2011 (2)：260－265.

[6] 陈戈. 中国－东盟自由贸易区农产品贸易问题研究 [D]. 北京：北京工商大学, 2010.

[7] 陈继勇, 李知睿. "中巴经济走廊"周边国家贸易潜力及其影响因素 [J]. 经济与管理研究, 2019, 40 (1)：14－28.

[8] 陈琳, 谢学臻, 刘琳. 中国出口的贸易效率与贸易潜力：1980～2015 [J]. 国际经贸探索, 2018, 34 (1)：33－50.

[9] 陈玛琳, 赵芝俊. 关于蜂产业补贴的政策意义及建议 [J]. 中国蜂业, 2013, 64 (21)：39－42.

[10] 陈萍, 刘辉, 华丽, 高军, 鲍洪恩, 黄挺, 王定国. 进口大豆质量比

较分析 [J]. 中国粮油学报, 2010, 25 (6): 125 - 128.

[11] 陈容, 许和连. 中国进口农产品质量测算——基于 2000—2013 年的数据分析 [J]. 财经理论与实践, 2018, 39 (6): 125 - 130.

[12] 陈祥新. TPP 协议对我国农业贸易的影响研究 [D]. 北京: 中国农业科学院, 2018.

[13] 陈志钢, 宋海英, 董银果, 王鑫鑫. 中国农产品贸易与 SPS 措施 [M]. 杭州: 浙江大学出版社, 2011.

[14] 崔连标, 朱磊, 宋马林, 郑海涛. 中美贸易摩擦的国际经济影响评估 [J]. 财经研究, 2018, 44 (12): 4 - 17.

[15] 崔守军, 徐鹤. 拉美华人华侨在构建"中拉命运共同体"中的作用及路径 [J]. 拉丁美洲研究, 2018, 40 (1): 36 - 55, 155.

[16] 党转转. 新疆葡萄干市场竞争力及市场潜力研究 [D]. 乌鲁木齐: 新疆农业大学, 2016.

[17] 刁莉, 罗培, 胡娟. 丝绸之路经济带贸易潜力及影响因素研究 [J]. 统计研究, 2017, 34 (11): 56 - 68.

[18] 刁青云, 王允中, 黄宇, 周军, 谢文闻, 周玮. 世界主要生产国蜂蜜出口国际竞争力比较分析 [J]. 世界农业, 2011 (10): 52 - 56.

[19] 丁丽芸. 技术壁垒影响下我国蜂蜜国际竞争力的演变 [J]. 价格月刊, 2013 (3): 76 - 80.

[20] 杜莉, 谢皓. 中国与墨西哥高技术产品在美国市场的竞争状况分析: 基于出口相似度指数与转移份额分析方法 [J]. 中国软科学, 2011 (10): 46 - 53.

[21] 杜玲中. 制度对中国出口竞争力的影响 [D]. 天津: 天津师范大学, 2019.

[22] 范和生, 唐惠敏. 全球化背景下中拉共同体关系研究 [J]. 太平洋学报, 2016, 24 (11): 78 - 87.

[23] 范婕. 中国与巴西农产品贸易潜力分析 [J]. 技术经济, 2010, 29 (5): 104 - 109.

[24] 付娜. 资源互补视角下中国与南美资源大国农产品贸易研究 [D]. 哈尔滨: 东北林业大学, 2017.

[25] 高颖, 田维明. 基于引力模型的中国大豆贸易影响因素分析 [J]. 农

业技术经济, 2008 (1): 27 - 33.

[26] 高蓉. 中国农产品出口巴西的竞争力分析 [D]. 武汉: 华中科技大学, 2015.

[27] 耿献辉, 张晓恒, 周应恒. 中国梨出口影响因素及贸易潜力 [J]. 华南农业大学学报 (社会科学版), 2013, 12 (1): 100 - 104.

[28] 耿晔强. 阿根廷农产品在中国市场现状: 竞争力与动态增长 [J]. 国际经贸探索, 2009, 25 (6): 66 - 70.

[29] 耿晔强. 巴西农产品在中国市场竞争力分析 [J]. 中国农村经济, 2009 (1): 31 - 38.

[30] 耿晔强, 李娜. 中日韩自贸区谈判中的农产品贸易问题研究 [J]. 经济问题, 2014 (10): 97 - 102.

[31] 耿晔强. 巴西农产品出口我国市场的影响因素分析 [J]. 国际贸易问题, 2008 (11): 50 - 57.

[32] 耿晔强. 巴西农产品在中国市场竞争力分析 [J]. 中国农村经济, 2009 (1): 31 - 38.

[33] 耿晔强. 中国双边农产品贸易流量及潜力研究: 以新兴市场为例 [J]. 统计研究, 2015, 32 (9): 49 - 55.

[34] 顾莉萍, 刘合光, 丁开勇. 中国 - 墨西哥农产品贸易特征与前景展望 [J]. 湖北经济学院学报, 2007 (2): 59 - 64.

[35] 顾蕊, 张莉, 程晓宇. TPP 背景下中国和墨西哥农产品贸易分析与展望 [J]. 农业展望, 2016, 12 (10): 63 - 68.

[36] 韩慧敬. 中国与墨西哥双边贸易研究 [D]. 保定: 河北大学, 2013.

[37] 韩亭辉, 刘泽莹. 中国与巴西农产品贸易的竞争性与互补性分析 [J]. 世界农业, 2018 (1): 100 - 108.

[38] 韩一军, 纪承名. 中美贸易争端对中国农业的影响 [J]. 农业展望, 2018, 14 (10): 85 - 88.

[39] 禾本. 智利: 成为中国最大的鲜果供应国 [J]. 中国果业信息, 2019, 36 (7): 30.

[40] 贺双荣. 构建中拉 "命运共同体": 必要性、可能性及挑战 [J]. 拉丁美洲研究, 2016, 38 (4): 1 - 22, 154.

[41] 侯蕾. 中印农产品贸易影响因素及潜力研究 [D]. 泰安: 山东农业大

学, 2018.

[42] 侯露露. 智利, 跃升中国第一大水果来源地 [N]. 人民日报, 2017 - 03 - 28.

[43] 胡静. 中拉 "1 + 3 + 6" 合作背景下中国与拉美国家农产品贸易潜力研究 [J]. 世界农业, 2018 (5): 92 - 100.

[44] 黄斌全, 熊启泉. 跨国粮商控制下巴西大豆在中国进口市场上的竞争潜力 [J]. 华中农业大学学报 (社会科学版), 2011 (1): 37 - 42.

[45] 黄春全, 司伟, 孙伟. 中国与巴西农产品贸易的动态及前景分析 [J]. 农业展望, 2013, 9 (8): 59 - 66.

[46] 黄凌云, 李星. 美国拟征收碳关税对我国经济的影响: 基于 GTAP 模型的实证分析 [J]. 国际贸易问题, 2010 (11): 93 - 98.

[47] 黄氏水仙. 越南水果对中国出口竞争力研究 [D]. 南宁: 广西大学, 2019.

[48] 黄勇. 中巴农产品贸易竞争性与互补性分析 [J]. 江苏工程职业技术学院学报, 2016, 16 (1): 39 - 43.

[49] 江时学. 构建中国与拉美命运共同体路径思考 [J]. 国际问题研究, 2018 (2): 30 - 42, 131 - 132.

[50] 姜徐宁, 黄和亮. 中俄农产品贸易的竞争性和互补性研究 [J]. 云南农业大学学报 (社会科学版), 2019, 13 (4): 81 - 86.

[51] 蒋兴红, 王征兵. 基于 CMS 模型的中国农产品进口波动分析 [J]. 统计与决策, 2013 (6): 136 - 139.

[52] 金洁颖, 华晶. 浅谈 2018 中美贸易战对我国经济的影响: 以农产品进口为例 [J]. 经贸实践, 2018 (11): 72 - 73.

[53] 靖飞. 中国和巴西农产品贸易: 动态和展望 [J]. 南京农业大学学报 (社会科学版), 2009, 9 (1): 38 - 46, 61.

[54] 邝艳湘, 向洪金. 中国和墨西哥农产品在美国市场竞争力研究 [J]. 拉丁美洲研究, 2010, 32 (5): 26 - 30, 79 - 80.

[55] 雷洋, 黄承锋, 郑先勇. 中国与伊朗双边贸易效率及潜力评估: 基于随机前沿引力模型 [J]. 广西社会科学, 2018 (5): 81 - 86.

[56] 李国. 智利鲜食葡萄产业考察报告 [J]. 宁夏林业, 2017 (2): 31 - 33.

[57] 李晶，李海燕，王立庆，李斌. 拉丁美洲及加勒比地区农业发展现状与中拉农业合作前景分析 [J]. 世界农业，2016 (8)：110 – 116，146.

[58] 李亮科，马骥. 技术性贸易壁垒对中国农产品出口的影响 [J]. 农业展望，2013，9 (12)：60 – 63，71.

[59] 李建平，刘现武，刘冬梅. 中国与智利农产品贸易分析 [J]. 农业技术经济，2007 (2)：42 – 47.

[60] 李琳. 中国与东盟农产品贸易竞争性与互补性研究 [D]. 北京：首都经济贸易大学，2016.

[61] 李明权，韩春花，金兴起. 中日韩农产品贸易关系及其对三国建立自由贸易区的影响 [J]. 经济纵横，2010 (4)：107 – 110.

[62] 李秋芳. 史前时期华北平原粮食种植结构之变迁 [J]. 华南农业大学学报（社会科学版），2012，11 (1)：151 – 156.

[63] 李亚波. 中国与智利双边贸易竞争性和互补性研究 [J]. 商业研究，2014 (4)：91 – 96.

[64] 李银兰. 我国农产品出口面临的问题与提升出口竞争力的途径分析 [J]. 武汉工业学院学报，2011，30 (3)：92 – 94.

[65] 李月娥，张吉国. 中国与印度农产品国际竞争力比较研究 [J]. 安徽农业科学，2019，47 (9)：207 – 211.

[66] 梁丹辉，孙东升. 中国与巴西农产品贸易互补性及增长空间分析 [J]. 世界农业，2014 (11)：83 – 87，203 – 204.

[67] 梁倩. 中国与拉美主要国家农产品贸易现状 [J]. 现代商贸工业，2013，25 (18)：69 – 70.

[68] 梁容. 智利：海关人员罢工影响水果出口 [J]. 中国果业信息，2015，32 (6)：32.

[69] 林可全，丁丽芸. 中国蜂蜜产业国际竞争力的 ISCP 范式研究 [J]. 国际经贸探索，2014，30 (4)：44 – 53.

[70] 刘春鹏. 中国与拉美国家农产品贸易波动成因分析 [J]. 华南农业大学学报（社会科学版），2017，16 (4)：132 – 140.

[71] 刘春鹏，肖海峰. "一带一路"背景下中国与北欧国家农产品贸易：互补性、竞争性与发展潜力 [J]. 大连理工大学学报（社会科学版），

2019, 40 (4)：48 -55.

[72] 刘春香, 朱丽媛. 我国棉花进口贸易潜力分析 [J]. 农业经济问题, 2015, 36 (5)：91 -97, 112.

[73] 刘李峰, 武拉平. 中国与南美国家农产品贸易关系的实证研究：以巴西、阿根廷、智利为例 [J]. 农业技术经济, 2007 (2)：37 -42.

[74] 刘朋飞, 李海燕. 技术壁垒对我国蜂蜜出口影响的实证分析 [J]. 国际贸易问题, 2010 (11)：99 -104.

[75] 刘茜. 南半球大丰收长沙人享口福车厘子价格比往年有较大降幅 [J]. 潇湘晨报, 2018.

[76] 刘庆博, 刘俊昌. 我国蜂蜜贸易的比较优势及影响因素分析 [J]. 国际商务 (对外经济贸易大学学报), 2012 (5)：13 -22.

[77] 刘用明, 朱源秋, 吕一清. "一带一路" 背景下中俄双边贸易效率及潜力研究：基于随机前沿引力模型 (SFGM) [J]. 经济体制改革, 2018 (5)：78 -84.

[78] 龙婧. 中国蜂蜜产品出口优势及目标市场研究 [D]. 武汉：华中农业大学, 2009.

[79] 吕宏芬, 郑亚莉. 对中国 - 智利自由贸易区贸易效应的引力模型分析 [J]. 国际贸易问题, 2013 (2)：49 -57.

[80] 马建蕾, 秦富, 刘岩. 中国与拉丁美洲国家农产品贸易前景与挑战：从中国角度对问题与机遇的分析 [J]. 世界农业, 2012 (1)：68 -74.

[81] 马里亚诺·图尔兹, 黄念. 中拉农业合作的国际政治经济学分析：以大豆产业链为例 [J]. 拉丁美洲研究, 2016, 38 (4)：59 -75, 155 -156.

[82] 马舒. 过渡期后的中国农产品贸易的发展瓶颈及对策 [J]. 经济视角 (中旬), 2011 (2)：28 -29.

[83] 迈克尔·波特. 国家竞争优势 [M]. 北京：华夏出版社, 2003.

[84] 孟秋. 智利水果如何在中国打开市场 [J]. 中国对外贸易, 2016 (2)：76 -77.

[85] 倪洪兴, 吕向东. 正确理解我国农产品竞争力与国际的差距 [J]. 农村工作通讯, 2018 (10)：59 -61.

[86] 盘和林, 何敏红. 中国蜂蜜出口的国际竞争力分析 [J]. 统计与决策,

2013（5）：136-138.

[87] 裴长洪，刘洪愧. 中国怎样迈向贸易强国：一个新的分析思路 [J].
经济研究，2017，52（5）：26-43.

[88] 齐博，孙东升. 中国花卉苗木出口影响因素及贸易潜力分析 [J]. 中
国软科学，2014（6）：159-166.

[89] 乔雯，葛蕾丹. 中国与中东欧国家农产品贸易的竞争性与互补性研究
[J]. 中国商论，2018（26）：67-69.

[90] 秦艳敏. 中国与墨西哥对美国出口相似度研究 [D]. 广州：暨南大学，
2010.

[91] 桑百川，李计广. 拓展我国与主要新兴市场国家的贸易关系：基于贸易
竞争性与互补性的分析 [J]. 财贸经济，2011（10）：69-74，135-
136.

[92] 尚豫新. 新疆特色农产品区域品牌建设研究 [D]. 济南：山东大学，
2019.

[93] 沈自峥，吴国春，曹玉昆，刘意. 中国与东盟木质林产品贸易影响因
素与贸易潜力的分析：基于引力模型 [J]. 林业经济问题，2017，37
（6）：26-31，101.

[94] 石建勋，刘宇. 中美贸易争端理论解释困境、现实悖论及认识误区
[J]. 财经问题研究，2019（1）：3-12.

[95] 石教群，黄熊华，郎鹏飞. 巴西农业发展经验对我国的借鉴 [J]. 中
国财政，2018（7）：73-75.

[96] 帅传敏. 基于引力模型的中美农业贸易潜力分析 [J]. 中国农村经济，
2009（7）：48-58.

[97] 宋海英. 中国-智利自贸区的农产品贸易效应：基于巴拉萨模型的实
证分析 [J]. 浙江外国语学院学报，2015（4）：72-79.

[98] 宋海英，胡冰川. 经贸摩擦背景下中国与拉美农产品贸易分析 [J].
华南农业大学学报（社会科学版），2019，18（5）：96-103.

[99] 宋海英，刘冬. 北美新贸易协议无助全球贸易自由 [N]. 中国社会科
学报，2018-11-15（3）.

[100] 宋海英，孙林. 中国与巴西农产品的竞争绩效 [J]. 华南农业大学学
报（社会科学版），2012，11（1）：14-21.

[101] 宋海英, 孙林. 中泰农产品零关税协议下蔬菜贸易的竞争关系研究 [J]. 世界经济研究, 2004 (3): 49-54.

[102] 宋海英, 尉博. 中国从拉美国家进口农产品的影响因素分析 [J]. 世界农业, 2015 (1): 108-113, 203.

[103] 宋海英. 中国-拉美农产品贸易的影响因素: 基于引力模型的实证分析 [J]. 农业经济问题, 2013, 34 (3): 74-78, 112.

[104] 宋利芳, 武皖. 《美墨加协定》对中墨经贸关系的影响及中国的对策 [J]. 拉丁美洲研究, 2019, 41 (2): 57-79, 156.

[105] 孙东升, 刘合光, 远铜. 中国和南美洲农产品贸易: 结构与比较优势 [J]. 农业经济问题, 2011, 32 (8): 25-31.

[106] 孙林. 中国农产品贸易流量及潜力测算: 基于引力模型的实证分析 [J]. 经济学家, 2008 (6): 70-76.

[107] 孙林. 中国与日本、韩国农产品贸易的竞争关系研究: 基于出口相似性指数的实证分析 [J]. 国际贸易问题, 2008 (10): 53-56.

[108] 孙致陆, 李先德. 经济全球化背景下中国与印度农产品贸易发展研究: 基于贸易互补性、竞争性和增长潜力的实证分析 [J]. 国际贸易问题, 2013 (12): 68-78.

[109] 谭道明. 构建中拉命运共同体: 从确定性到同舟共济 [J]. 南风窗, 2016 (25): 16-18.

[110] 汤碧. 中国与金砖国家农产品贸易: 比较优势与合作潜力 [J]. 农业经济问题, 2012, 33 (10): 67-76.

[111] 陶红军. 世界主要农产品进口国进口价格弹性及关税福利损失估算 [J]. 国际商务 (对外经济贸易大学学报), 2013 (4): 27-40.

[112] 田清淼, 张有望. 中国和巴西农产品贸易的增长前景分析 [J]. 价格月刊, 2017 (8): 38-43.

[113] 佟家栋. 中美战略性贸易战及其对策研究 [J]. 南开学报 (哲学社会科学版), 2018 (3): 1-3.

[114] 童彤. 智利: 水果出口创纪录 [J]. 中国果业信息, 2018, 35 (11): 43.

[115] 童晓乐. 中国农产品贸易持续性与潜力研究 [D]. 杭州: 浙江工业大学, 2017.

[116] 万晓宁. 中国、墨西哥农产品对美国出口的比较研究：基于三元边际分解和生存分析方法的实证 [J]. 世界农业，2018（8）：93－101.

[117] 王丹，刘艺卓，刘岩. 中国与巴西农产品贸易：现状及展望 [J]. 世界农业，2018（2）：173－175，181.

[118] 王芳，印中华. 中国胶合板出口影响因素及贸易潜力：基于随机前沿引力模型的实证分析 [J]. 世界林业研究，2017，30（6）：52－56.

[119] 王飞. 中国和拉美主要国家在美国市场上的出口挤占 [J]. 拉丁美洲研究，2013，35（2）：60－67.

[120] 王惠方. 中国对海湾六国农产品出口贸易研究 [D]. 银川：宁夏大学，2012.

[121] 王丽红，田志宏. 秘鲁农产品的国际竞争力及与中国双边贸易分析 [J]. 世界农业，2008（11）：41－44.

[122] 王丽丽，李玉梅. 美墨加新贸易协定对中国出口贸易的影响及对策 [J]. 国际贸易，2019（3）：24－32.

[123] 王丽莎（WARISARA RANGSARANNON）. 提升泰国木薯出口竞争力的对策研究 [D]. 大连：大连海事大学，2018.

[124] 王莉，田国强. 中韩农产品贸易现状及互补性分析 [J]. 世界农业，2012（3）：47－51.

[125] 王婷，李艳君. 中墨贸易摩擦及经贸合作对策研究 [J]. 国际贸易，2012（9）：60－63.

[126] 王永德. 基于中美比较视角的中国农产品国际竞争力研究 [D]. 哈尔滨：东北林业大学，2009.

[127] 文淑惠，张昕. 中南半岛贸易潜力及其影响因素：基于随机前沿引力模型的实证分析 [J]. 国际贸易问题，2017（10）：97－108.

[128] 吴国平，岳云霞. 中国与墨西哥的双边贸易及其发展前景 [J]. 拉丁美洲研究，2012，34（6）：9－17，79.

[129] 吴红蕾. 中美贸易摩擦对我国的影响及对策研究 [J]. 经济纵横，2018（12）：96－102.

[130] 吴志华. 2019年投资拉美须关注三大风险 [EB/OL]. 保合安全微信公众平台，2019－03－14.

[131] 伍山林. 从战略高度认识和应对中美贸易争端 [J]. 国际贸易，2018

（6）：34 – 38.

[132] 夏青. 中美贸易中的农业版图 [J]. 农经，2018 (5)：24 – 31.

[133] 谢文泽. 改革开放 40 年中拉关系回顾与思考 [J]. 社会科学文摘，2018 (11)：40.

[134] 邢瑞利，谭树林. 美国国内关于中美贸易战论争的焦点与实质 [J]. 深圳大学学报（人文社会科学版），2018，35 (6)：83 – 92.

[135] 徐帆. 中国 – 智利自由贸易区优惠关税政策及影响研究 [D]. 上海：上海海关学院，2017.

[136] 徐芬，刘宏曼. 中国农产品进口的自贸区贸易创造和贸易转移效应研究：基于 SYSGMM 估计的进口需求模型 [J]. 农业经济问题，2017 (9)：76 – 84.

[137] 徐芬，刘宏曼. 自贸区视角的中国农产品进口增长三元边际结构 [J]. 国际经贸探索，2018，34 (10)：4 – 16.

[138] 许为，陆文聪. 中国农产品比较优势的动态变化：1995—2013 年 [J]. 国际贸易问题，2016 (9)：3 – 15.

[139] 严毅博，毛克彪，曹萌萌，袁紫晋，Nusseiba. 基于中美贸易战与自然年灾害背景下我国农业发展的战略调整研究 [J]. 中国农业信息，2018，30 (5)：23 – 34.

[140] 杨俊玲，林季红. 中国对外贸易的影响因素分析：基于 E2C/E2P/I2C/NI2P/NI2E 核算数据的实证研究 [J]. 国际经贸探索，2016，32 (1)：18 – 36.

[141] 杨云香. 精准扶贫背景下 A 公司牛油果产业化发展项目可行性研究 [D]. 广州：华南理工大学，2018.

[142] 杨志敏. 经济单边主义的"复活"及应对：从拉美国家与美国贸易关系演进的视角分析 [J]. 拉丁美洲研究，2019，41 (4)：60 – 77，155 – 156.

[143] 姚博文. 中国和南方共同市场农产品贸易现状及其影响因素：基于引力模型的实证 [J]. 商业经济研究，2015 (26)：16 – 19.

[144] 药泽琼，刘文丽，郑菲，郭志超. 中国 – 东盟农产品贸易竞争性与互补性分析 [J]. 农业展望，2019，15 (7)：75 – 82.

[145] 佚名. 车厘子市场"悲观"情绪蔓延：价格下滑，走货不及往年

［EB/OL］. 中国水果门户网, 2019.

［146］殷秀玲. 中国与墨西哥加工贸易比较分析［J］. 亚太经济, 2011 (2): 75 - 80.

［147］余妙志, 孟祖凯. 我国与南美五国农产品贸易竞争性和互补性研究 ［J］. 经营与管理, 2017 (1): 91 - 97.

［148］远铜. 基于比较优势的中国 - 南美农产品贸易增长潜力研究［D］. 北京: 中国农业科学院, 2010.

［149］张会清. 中国与 "一带一路" 沿线地区的贸易潜力研究［J］. 国际贸易问题, 2017 (7): 85 - 95.

［150］张洁, 刘合光, Chien Hsiaoping, Minoru Tada. 中国对拉美农产品出口的影响因素分析及前景展望［J］. 农业展望, 2008 (8): 26 - 29.

［151］张敏. 中国与阿根廷农产品贸易合作的思考［J］. 国别和区域研究, 2018 (2): 4 - 16, 162.

［152］张日. 中拉农业合作还可再进一步［N］. 国际商报, 2017 - 06 - 12.

［153］张小波, 李成. 论《美国 - 墨西哥 - 加拿大协定》背景、新变化及对中国的影响［J］. 社会科学, 2019 (5): 27 - 39.

［154］张亚斌, 范子杰. 国际贸易格局分化与国际贸易秩序演变［J］. 世界经济与政治, 2015 (3): 30 - 46, 156 - 157.

［155］张勇. 中拉农产品贸易四大特征［J］. 进出口经理人, 2017 (4): 42 - 43.

［156］张勇. 中拉农业贸易与投资发展趋势［J］. 拉丁美洲研究, 2014, 36 (4): 73 - 78, 80.

［157］张志明, 杜明威. 全球价值链视角下中美贸易摩擦的非对称贸易效应: 基于 MRIO 模型的分析［J］. 数量经济技术经济研究, 2018, 35 (12): 22 - 39.

［158］赵捷. 金砖国家合作机制下中国与巴西农产品贸易发展研究: 基于贸易特征及趋势、互补性和增长潜力的实证分析［J］. 世界农业, 2017 (4): 41 - 47.

［159］赵明昊. 维护地区和世界的和平稳定 推动中拉整体合作互利共赢 ［N］. 人民日报, 2015 - 01 - 10 (3).

［160］郑国富. 中国自智利水果进口贸易发展现状与优化路径［J］. 农业展

望, 2019, 15 (5): 103-107.

[161] 智利: 农业出口大国 [J]. 新农业, 2013 (24): 62.

[162] 中国对拉美和加勒比政策文件 [N]. 人民日报, 2016-11-25 (10).

[163] 中国与拉美和加勒比国家合作规划 (2015—2019) [N]. 人民日报, 2015-01-10 (3).

[164] 中华人民共和国商务部, 智利农业部. 智利农业概况及发展农业的独特优势调研 [R]. 2010.

[165] 钟熙维, 高蓉, 常悦. 中国和阿根廷农产品贸易互补性与竞争性研究 [J]. 世界农业, 2014 (11): 142-147, 204.

[166] 仲玉洁, 张吉国, 胡凤久. 我国农产品对外贸易的现状、问题及对策 [J]. 山东工商学院学报, 2011, 25 (3): 8-10, 36.

[167] 周曙东, 郑建, 卢祥. 中美贸易争端对中国主要农业产业部门的影响 [J]. 南京农业大学学报 (社会科学版), 2019, 19 (1): 130-141, 167-168.

[168] 朱晶, 陈晓艳. 中印农产品贸易互补性及贸易潜力分析 [J]. 国际贸易问题, 2006 (1): 40-46.

[169] 朱晶, 李天祥, 林大燕. 开放进程中的中国农产品贸易: 发展历程、问题挑战与政策选择 [J]. 农业经济问题, 2018 (12): 19-32.

[170] 朱俊波, 杨红梅. 中国蜂蜜贸易国际竞争力分析 [J]. 安徽农业科学, 2007 (20): 6305-6306.

[171] 朱勤, 勤裴晗, 高铁生. 经济全球化视野下跨国粮商对我国粮食安全的影响 [J]. 经济研究参考, 2015 (56): 3-23, 89.

[172] 朱若梅, 欧阳嘉原, 何均琳. 中斐双边农产品贸易潜力分析 [J]. 云南农业大学学报 (社会科学), 2019, 13 (1): 86-94.

[173] 庄丽娟, 郑旭芸. 中国-东盟热带水果贸易强度及潜力分析 [J]. 华南农业大学学报 (社会科学版), 2016, 15 (1): 82-91.

[174] 左艳葵. 中日韩自由贸易区的建立对我国农产品贸易的效应研究 [D]. 大连: 大连海事大学, 2013.

二、外文部分

［1］ Abedini J, Peridy N. The Emergence of Iran in the World Car Industry：An Estimation of its Export Potential ［J］. The World Economy, 2009, 32 (5)：790 – 818.

［2］ Adolfo L. Chinese Economic Development Policies as an Example for Mexico：The One-Belt-One-Road Program ［J］. Fudan Journal of the Humanities and Social Sciences, 2017, 10：127 – 144.

［3］ Amzul R. Export Competitiveness of Indonesia's Palm Oil Product ［J］. Trends in Agricultural Economics, 2010, 3 (1)：1 – 18.

［4］ Anderson J E. A Theoretical Foundation for the Gravity Equation ［J］. The American Economic Review, 1979, 69：106 – 116.

［5］ Andrew B, Bernard J, Jensen B, Schott K P. Facing the Dragon：Prospects for US Manufacturers in the Coming Decade ［EB/OL］. http：//www. som. yale. edu/faculty/pks4/ files/research/papers/dragon. pdf

［6］ Balassa B. Trade Liberalization and Revealed Comparative Advantage ［J］. The Manchester School of Economics and Social Studies, 1965, 32：99 – 123.

［7］ Ball R J, Linnemann H. An Economic Study of International Trade Flows ［J］. The Economic Journal, 1967, 77 (306)：366.

［8］ Bergstrand J H. The Generalized Gravity Equation, Monopolistic Competition, and the Factor-Proportions Theory in International Trade ［J］. The Review of Economics and Statistics, 1989, 71 (1)：143 – 153.

［9］ Brattberg E. Trump's Tariffs Undermine U. S. Leadership ［EB/OL］. http：// carnegieendowment. org/trump-s-tariffs-und% 20 20ermine-u. s. -leadership-pub-75795, 2018 – 03 – 14.

［10］ Caballero J, O'Connor E, Amado B. Latin America's Agricultural Exports to China：Recent Trends ［J］. IAMO Forum 2011 (20)：1 – 19.

［11］ Caballero J. LAC's Agricultural Exports：Opportunities and Challenges Arising from China's Rapid Growth ［R］. FAO Workshop Rome, 2011.

［12］ Chaherli N, Nash J. Agricultural Exports from Latin America and the Caribbean：Harnessing Trade to Feed the World and Promote Development ［J］.

World Bank Other Operational Studies, 2013.

[13] Cheng I H, Wall H J. Controlling Heterogeneity in Gravity Models of Trade [J]. SSRN Electronic Journal, 2000, 87 (1): 49 – 63.

[14] Chen W, Marchant M A, Muhammad A. China's Soybean Imports—Price Impacts using a Production System Approach, Selected Paper Prepared for Presentation at the Southern Agricultural Economics Association Annual Meeting, Orlando, FL, February 6 – 9, 2010.

[15] Countryman A M, Amanda M. Chinese Trade Retaliation May Diminish U. S. Wine Export Potential [J]. Choices: The Magazine of Food, Farm, and Resource, 2018, 33 (2).

[16] Daniela J. Camargo Martinez (小旦). 墨西哥与中国贸易收支问题研究 [D]. 沈阳: 沈阳理工大学, 2018.

[17] Deardorff A V. Determinants of Bilateral Trade: Does Gravity Work in a Neoclassical World? [J]. Nber Working Paper, 1998 (January): 7 – 32.

[18] Devadason E S, Chandran V G R, Mubarik S. Whither Latin America? Scoping Export Potentials and Trade Barriers in the Malaysia-Chile Partnership [J]. Social Science Electronic Publishing, 2014.

[19] Espinosa M B. 墨西哥水果与坚果出口贸易研究 [D]. 北京: 北京交通大学, 2018.

[20] Esposto A, Pereyra R. Actual and Potential Trade Flows between Australia and Latin America [J]. Economic Papers, 2013, 32 (4): 477 – 495.

[21] Frankel J A. Regional Trading Blocs in the World Trading System [M]. Washington D. C. : Institute for International Economics, 1997.

[22] Gallagher K P, Shafaeddin M. Policies for Industrial Learning in China and Mexico [J]. Technology in Society, 2010, 32 (2): 81 – 99.

[23] Gong C, Kim S. Regional Business Cycle Synchronization in Emerging and Developing Countries: Regional or Global Integration? Trade or Financial Integration? [J]. Journal of International Money and Finance, 2018, 84 (JUN.): 42 – 57.

[24] Gong X W, Wu G. Empirical Analysis of the Influencing Factors of Sugar Imports in China [J]. 亚洲农业研究 (英文版), 2009, 1 (1): 18 – 21.

［25］ Gros D, Gonciarz A. A Note on the Trade Potential of Central and Eastern Europe ［J］. European Journal of Political Economy, 1996, 12 （4）: 709 - 721.

［26］ Helpman E, Krugman P R. Market Structure and Foreign Trade: Increasing Returns, Imperfect Competition, and the International Economy ［M］. MIT Press, Cambridge, 1985.

［27］ Helpman E, Melitz M, Rubinstein Y. Estimating Trade Flows: Trading Partners and Trading Volumes ［J］. Quarterly Journal of Economics, 2008 （2）: 2.

［28］ Ibarra C A. A Note on Intermediate Imports and the BPCG Model in Mexico ［J］. Economic Change and Restructuring, 2011, 44 （4）: 357 - 368.

［29］ Josling T, Anderson K, Schmitz A, Tangermann S. Understanding International Trade in Agricultural Products: One Hundred Years of Contributions by Agricultural Economists ［J］. American Journal of Agricultural Economics, 2010, 92 （2）: 424 - 446.

［30］ Josling T, Paggi M, Wainio J, et al. Latin American Agriculture in a World of Trade Agreements ［J］. American Journal of Agricultural Economics, 2015, 97 （2）: 546 - 567.

［31］ Kortum E S. Technology, Geography, and Trade ［J］. Econometrica, 2002, 70 （5）: 1741 - 1779.

［32］ Kotschwar B. China's Economic Influence in Latin America ［J］. Asian Economic Policy Review, 2014 （9）: 202 - 222.

［33］ Lederman D. Trade Specialization in Latin America: The Impact of China and India ［J］. Review of World Econimcs, 2008, 144: 248 - 271.

［34］ Leonardo L, Ferdinand R. Trade as Engine of Creative Destruction: Mexican Experience with Chinese Competition ［J］. Journal of International Economics, 2013, 89 （2）: 379 - 392.

［35］ Li X. Prospects and Challenges of Agricultural Trade between China and Latin America: Analysis of Problems and Opportunities from the Chinese Perspective ［R］. Roma: FAO, September 27 - 28, 2011.

［36］ Martínez-Galán E, Proença I, Fontoura M P. Trade Potential Revisited: A

Panel Data Analysis for Zimbabwe [J]. Social Science Electronic Publishing, 2014.

[37] Mauricio M M. Fear of China: Is There a Future for Manufacturing in Latin America [J]. World Developmen, 2007, 35 (3): 355 – 376.

[38] Muhammad R, Liu H Y. Mahmood H., Pakistan's Agricultural Exports, Determinants and its Potential: an Application of Stochastic Frontier Gravity Model [J]. The Journal of International Trade & Economic Development, 2016: 1 – 20.

[39] Osornio F D. 分析墨西哥中小企业牛油果生产商进入中国市场的策略 [D]. 北京: 北京外国语大学, 2018.

[40] Otsuki T, John S. Wilson and Mirvat Sewadeh. Saving Two in a Billion: Quantifying the Trade Effect to Euro-pean Food Safety Standards on African Exports [J]. Food Policy, 2001 (26): 495 – 514.

[41] Pinto P M, Baccini L, Weymouth S. The Consequences of Preferential Trade Agreements: Lessons for U. S. -Latin America Trade Relations [J]. Rice University's Baker Institute for Public Policy, 2017, 11: 12 – 14.

[42] Posenm A S. An VII-advised Trade War Could Turn Out to Be Trump's Afghanistan [EB/OL]. https: //piie. com/commentary/op-eds/ill-advised-trade-war-could-turn-out-be-trumps-afghanistan, 2018 – 07 – 11.

[43] Pöyhönen P. A Tentative Model for the Volume of Trade between Countries [J]. Weltwirtschaftliches Archiv, 1963, 90: 93 – 100.

[44] Rosales O. Trade and Investment Relations between Latin America and China with Special Reference to Agri-Products [C]. Agricultural Trade Linkages between Latin America and China Workshop FAO Rome, September 27 – 28, 2011.

[45] Rose A K. One Money, One Market: The Effect of Common Currencies on Trade [J]. Economic Policy, 2000, 15 (30): 7 – 45.

[46] Rosyadi S A, Widodo T. Impact of Donald Trump's Tariff Increase against Chinese Imports on Global Economy: Global Trade Analysis Project (GTAP) Model [J]. Journal of Chinese Economic and Business Studies, 2018, 16 (2): 125 – 145.

［47］ Salvacruz J C. Competitiveness of the United States and the ASEAN in the International Agricultural Market ［J］. Journal of Food Distribution Research, 1996, （2）: 81 −89, 832.

［48］ Saqib I M, Qi X, Hamza A, et al. An Empirical Analysis of Pakistan's Bilateral Trade and Trade Potential with China: A Gravity Model Approach ［J］. Cogent Economics & Finance, 2018, 6: 1504409.

［49］ Serrano P. The Declining Role of Latin America in the Global Agricultural Trade, 1963 − 2000 ［J］. Journal of Latin American Studies, 2016, 48 （1）.

［50］ Song H Y, Chen K. Trade Effects and Compliance Costs of Food Safety Regulations: The Case of China ［C］. Agriculture and Agricultural Science Procedia, 2010, 1: 429 −438.

［51］ Stanford L. Constructing "quality": The Political Economy of Standards in Mexico's Avocado Industry ［J］. Agriculture and Human Values, 2002, 19 （4）: 293 −310.

［52］ Sun L. Impacts of Free Trade Agreements on Agricultural Trade Creation and Trade Diversion ［J］. American Journal of Agricultural Economics, 2010, 92 （5）: 1351 −1363.

［53］ Taheripour F, Tyner W E. Impacts of Possible Chinese 25% Tariff on U. S. Soybeans and Other Agricultural Commodities ［J］. Choices, 2018, 33 （2）: 1 −7.

［54］ Tibergen J. Shaping the World Economy-Suggestions for an International Economy Policy ［M］. The Twentieth Century Fund, New York, 1962.

［55］ Torshizi M, Hosseini S S. Pursuing International Competitiveness in Iranian Wheat Policy ［J］. International Journal of Agricultural Management & Development, 2011, 1 （3）: 169 −179.

［56］ United Nations Economic Commission for Latin America and the Caribbean. Exploring New Forms of Cooperation between China and Latin America and the Caribbean ［R］. https: //repositorio. cepal. org/bitstream/handle/11362/43214/1/S1701249_en. pdf, 2018: 41 −42.

［57］ Viner J. The Customs Union Issue ［M］. New York: Carnegie Endowment for International Peace, 1950.

[58] Woo D K, et al. Trade Creation and Diversion Effects and Exchange Rate Volatility in the Global Meat Trade [J]. Journal of Economic Integration, 2015, 30 (2): 240 – 268.

[59] World Bank. Agricultural exports from Latin America and the Caribbean: Harnessing Trade to Feed the World and Promote Development [R]. World Bank Other Operational Studies, 2013.

[60] Yamarik S, Sucharita G. A Sensitivity Analysis of the Gravity Mode [J]. The International Trade Journal, 2005, 19 (1): 83 – 126.

[61] Zheng Y Q, Wood D, Wang H, et al. Predicting Potential Impacts of China's Retaliatory Tariffs on the U. S. Farm Sector [J]. Choices, 2018, 33 (2): 1 – 6.

[62] Zolin M B, Uprasen U. Trade Creation and Diversion: Effects of EU Enlargement on Agricultural and Food Products and Selected Asian Countries [J]. Asia Europe Journal, 2018.

后　记

　　本书系浙江省哲学社会科学规划后期资助项目"中国与拉丁美洲农产品贸易竞争力研究"（批准号：21HQZZ033YB）的阶段性成果，在此，特别感谢浙江省哲学社会科学工作领导小组及浙江外国语学院的资助！

　　感谢英国北安普顿大学国际商法学院 He，Shaowei 教授！本书是笔者对十余年中国与拉美农产品贸易问题研究的一个总结，全书的统稿在英国访学期间完成，非常感谢英国北安普顿大学给予的办公、图书等条件的支持，衷心感谢 He，Shaowei 教授在研究框架、研究内容、研究方法等方面的指导。

　　感谢我的恩师南京农业大学李岳云教授、国家发展和改革委员会姜长云研究员、浙江大学黄祖辉教授的谆谆教诲。虽然毕业多年，但导师的言传身教成为照亮我一生的指路明灯。

　　特别感谢我的学生沈丽丽、蒋祖林、戚晨露、黄婷，她们在浙江外国语学院学习期间的刻苦努力有目共睹，现在有的继续深造，有的走上工作岗位，祝福他们前程似锦！感谢在"拉美经济前沿"课程上无私分享成果的宋正坤、刘佳敏、黄璐、许羽童等同学，有了大家的畅所欲言，就能碰撞出更多的思想火花，学术得以不断进步！

　　诚挚感谢中国社会科学院荣誉学部委员徐世澄先生！徐老师渊博的学识、勤勉的学风始终是我辈学习的榜样！徐老师的指导和支持是浙江外国语学院拉丁美洲研究所前进的动力和方向！

　　感谢浙江外国语学院国别和区域研究中心主任周烈教授，感谢国际经济与旅游管理学院赵银德教授及所有同事们给予的大力支持和帮助。感谢我的先生及家人，是他（她）们的无私奉献使本书得以顺利出版。书中参考了相关专家、学者的大量文献资料，在此一并致谢！

宋海英

2020 年 2 月 18 日于杭州